Anja Engelhardt
Materialien und Kopiervorlagen
zur Klassenlektüre

Die Abenteuer des Odysseus

Neu erzählt von Manfred Mai

Hase und Igel®

Inhalt

Die im Material angegebenen Internetadressen wurden zuletzt am 12.08.2019 geprüft.

www.hase-und-igel.de
Lektorat: Mira Fischer
Satz: Appel Grafik München GmbH
Illustrationen: Petra Dorkenwald

ISBN 978-3-86760-578-6

Das Buch

Homers „Odyssee" gehört zu den ältesten Sagen Europas. Der Stoff fasziniert bis heute Jung und Alt und wurde in vielen Büchern und Filmen aufgegriffen. Auch Grundschüler finden schnell Zugang zu den spannenden Geschichten rund um den griechischen Helden Odysseus, der in zahlreichen Abenteuern seine Klugheit und seinen Mut unter Beweis stellt. Die mythologischen Gestalten, Fabelwesen und Götter, denen der Seefahrer dabei begegnet, üben einen besonderen Reiz auf Kinder aus. Der Text wurde für diese Schulausgabe von Manfred Mai neu erzählt und entspricht in Umfang und Sprache dem Leistungsvermögen von Zweit- und Drittklässlern.

Mit einer List beendet Odysseus, der König von Ithaka, den zehnjährigen Krieg um Troja: Er lässt ein riesiges hölzernes Pferd bauen, in dessen Bauch die griechischen Krieger unbemerkt in die Stadt gelangen. Nach dem blutigen Sieg über die Trojaner machen sich die Griechen auf die Heimreise. In einem Sturm sinken fast alle Schiffe, nur Odysseus und seine Mannschaft überleben. Auf einer unbekannten Insel treffen sie den Zyklopen Polyphem. Der Riese hält die Männer in seiner Höhle gefangen und verspeist sechs von ihnen. Durch einen schlauen Einfall kann sich Odysseus mit seinen übrigen Gefährten aufs Schiff retten. Doch im Übermut verrät er dem Riesen seinen Namen. Daraufhin bittet Polyphem seinen Vater Poseidon, Odysseus zu bestrafen. Der Meeresgott sorgt dafür, dass der König von Ithaka jahrelang nicht nach Hause kommt.

Auf der Weiterfahrt gerät Odysseus immer wieder in gefährliche Situationen: So befreit er seine in Schweine verwandelten Gefährten aus den Fängen der Zauberin Circe, widersteht dem wunderschönen Gesang der Sirenen, umschifft den Strudel Charybdis und entkommt dem sechsköpfigen Seeungeheuer Skylla. Nachdem Odysseus' Männer verbotenerweise heilige Rinder des Sonnengottes Helios geschlachtet haben, versenkt Zeus das Schiff der Griechen im Meer. Als einziger Überlebender wird Odysseus an die Küste der Insel Ogygia gespült und von der Nymphe Kalypso gesund gepflegt. Sieben Jahre hält sie Odysseus gegen seinen Willen fest. Dann beschließt der Götterrat, dass Kalypso den König ziehen lassen muss.

Nach einer weiteren Verzögerung durch Poseidon und einem kurzen Aufenthalt bei den freundlichen Phäaken erreicht Odysseus schließlich wohlbehalten seine Heimat Ithaka. Dort begegnet er seinem Sohn Telemach wieder. Gemeinsam wollen sie sich an den Freiern rächen, die Odysseus' Frau Penelope zur Heirat drängen. In Gestalt eines Bettlers folgt der König seinem Sohn nach Hause.

Auf Athenes Rat gibt Penelope den Freiern ein Versprechen: Wer mit dem Bogen von Odysseus einen Pfeil durch die Ösen von zwölf Äxten schieße, den werde sie heiraten. Nur Odysseus selbst gelingt die Aufgabe. Anschließend tötet er alle Freier. Nachdem Penelope den Fremden auf die Probe gestellt hat, erkennt sie in ihm ihren Ehemann.

Odysseus muss auf seiner Reise viele Hindernisse überwinden, bevor er sein Ziel erreicht. Dabei kommen ihm nicht nur die Götter zu Hilfe, sondern vor allem sein scharfer Verstand und seine listigen Ideen. So eignet sich der griechische Held als Identifikationsfigur für Jungen und Mädchen gleichermaßen. Durch seine grundlegenden Fragen nach Schuld, Gerechtigkeit und Macht, die auch das Interesse von Grundschülern wecken, gewinnt der Text an Spannung und zeitloser Bedeutung.

Das Material

Das Unterrichtsmaterial gliedert sich in einen Lehrerteil und die Kopiervorlagen. Im Lehrerteil finden Sie Zusammenfassungen der einzelnen Kapitel, Gesprächs- und Schreibanlässe, Hinweise und Lösungen zu den Kopiervorlagen und weiterführende Anregungen für den Unterricht. Die daran anschließenden Kopiervorlagen überprüfen das Textverständnis und regen zur kreativen Auseinandersetzung mit der Lektüre an. Die Kinder lernen die literarische Gattung Sage sowie die griechischen Götter und Fabelwesen kennen und beschäftigen sich mit Wortarten, Homonymen („Teekesselchen") und mit Sachtexten, u. a. den Textsorten Rezept und Interview.

Im Sinne eines fächerübergreifenden Unterrichts stellt das Material auch Verbindungen zu anderen Fächern oder Teilbereichen her. So werden die Schüler in Mathematik an Knobelaufgaben herangeführt. Im Sachunterricht können Sie die historischen Themen (das antike Griechenland, Archäologie) vertiefen. Die Lektüre bietet auch Anknüpfungspunkte, um über Orientierung im Raum zu sprechen.

Die Symbole in der Kopfleiste geben die methodischen Schwerpunkte der jeweiligen Kopiervorlage an:

Vor der Lektüre

Hängen Sie ein Bild von einem antiken Kriegsschiff (Triere) aus dem Internet an die Tafel. Die Schüler raten, aus welcher Zeit das Schiff stammt, und nennen weitere Schiffs- und Bootstypen, die sie kennen (z. B. Dampfschiff, Fähre, Kreuzfahrtschiff, Segelboot, Kanu).

Die Kinder berichten von eigenen Schiffsreisen oder Bootstouren. Sammeln Sie gemeinsam berühmte historische und fiktive Seefahrer (z. B. Christoph Kolumbus, Robinson Crusoe, Käpt'n Blaubär). Die Schüler können die Seemänner auch in kleinen Referaten vorstellen.

Leiten Sie anschließend zur Lektüre über: „Wir wollen in der nächsten Zeit einen berühmten Seefahrer auf einer gefährlichen Reise begleiten." Zeigen Sie dazu das Buchcover und lassen Sie die Kinder Vermutungen äußern, welche Abenteuer Odysseus auf seiner Fahrt erlebt.

Hinweise zu den Kopiervorlagen

Die Reise des Odysseus

Auf der hier abgebildeten Karte zeichnen die Schüler im Laufe der Lektüre Odysseus' Reiseroute ein. Ausgehend von Angaben in Homers Werk, Himmels- und Windrichtungen haben Forscher versucht, die einzelnen Stationen heutigen Orten zuzuordnen. Da die genaue Lage der antiken Schauplätze umstritten ist, existieren unterschiedliche Theorien über den Kurs, den Odysseus' Schiff nahm.

Wenn Sie die Karte im Klassenzimmer an die Wand projizieren, können die Kinder ihnen bekannte Länder, Inseln und Städte zeigen und benennen.

Lösung

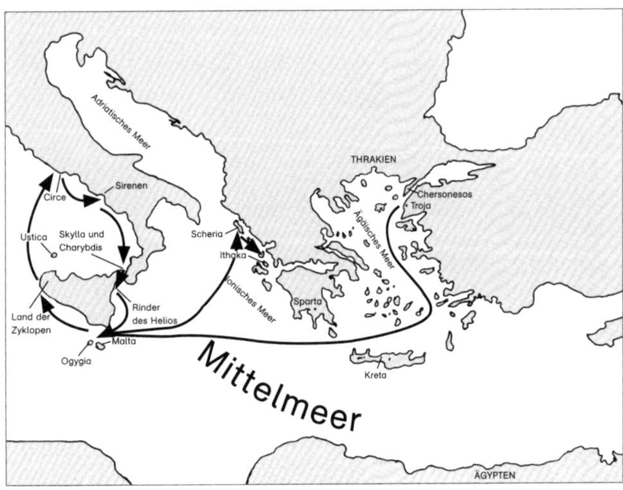

KV Seite 19

Odysseus' Logbuch

Erklären Sie den Schülern, dass jeder Kapitän ein Logbuch über seine Fahrten führt. Darin hält er u. a. Start und Ziel, Fahrtstrecke und bedeutende Ereignisse fest, sodass eine Art Tagebuch entsteht. Lassen Sie die Kinder in einem Schnellhefter ein „Logbuch" als Lesetagebuch anlegen. Die Titelseite gestalten sie selbst. Als Bildmotiv können sie z. B. das Schiff von Odysseus malen.

Die Schüler ordnen das Blatt „Die Reise des Odysseus" (Seite 18) als erste Seite in den Schnellhefter ein. Das vorliegende Arbeitsblatt kommt an zweiter Stelle in das Logbuch. Es soll die wichtigsten Vorkommnisse der Teilstrecken stichpunktartig zusammenfassen und wird lektürebegleitend ausgefüllt. Sammeln Sie zentrale Begriffe zum Inhalt des jeweiligen Kapitels vorab an der Tafel. Die Einträge können für weiterführende Aufgaben, wie das Verfassen von Inhaltsangaben und Erlebniserzählungen, genutzt werden. Das Logbuch lässt sich durch weitere Bilder und Arbeitsblätter ergänzen.

Lösung

Startort der Reise: Troja, Zielort der Reise: Ithaka

1. Kapitel: List mit Holzpferd, Sieg über Troja, Aufbruch
2. Kapitel: Begegnung mit einäugigem Riesen, Zyklop frisst zwei Männer, Griechen sind in Höhle gefangen
3. Kapitel: Griechen blenden schlafenden Riesen mit Pfahl und fliehen, Strafe Poseidons für Tat an seinem Sohn
4. Kapitel: Zauberin Circe verwandelt Männer in Schweine, Odysseus erlöst sie mithilfe von Hermes
5. Kapitel: Odysseus hört den Gesang der Sirenen, Mannschaft umschifft Strudel und entkommt Skylla
6. Kapitel: Töten der heiligen Rinder, Griechen ertrinken, Odysseus bei Kalypso, Götterrat: Odysseus darf wegfahren
7. Kapitel: Strandung bei Phäaken, Heimkehr nach Ithaka
8. Kapitel: Odysseus als Bettler bei Schweinehirt Eumaios, trifft seinen Sohn wieder, schmiedet Rachepläne
9. Kapitel: Odysseus besiegt Freier, Penelope erkennt ihn

1. Kapitel: **Allein auf dem Meer**

Inhalt

Mit der List vom trojanischen Pferd beendet der schlaue Odysseus den Krieg um Troja. Er versteckt sich mit weiteren Griechen im Bauch eines riesigen hölzernen Pferdes. Die Trojaner ziehen das Tier als Zeichen ihres Sieges in die Stadt. In der Nacht steigen die Männer aus dem Pferd und öffnen ihren Kameraden die Stadttore. Nach dem blutigen Sieg über die Trojaner treten die Griechen die Heimreise an. Da sie auch in den Tempeln Menschen getötet haben, sind die Götter erzürnt. Sie schicken ein gewaltiges Unwetter, in dem fast alle griechischen Schiffe untergehen.

Nur Odysseus und seine Gefährten überleben. Auf einer Insel erobern sie Wasser, Lebensmittel und Wein. Bald darauf gehen diese Vorräte zur Neige und die Griechen steuern wieder eine Insel an.

Gesprächs- und Schreibanlässe

Die Geschichte vom trojanischen Pferd ist weltbekannt.
- Odysseus hat sich die List ausgedacht. Was sagt das über seinen Charakter aus?
- Eine bestimmte Software wird als „Trojaner" bezeichnet. Was macht dieses Programm mit einem Computer und warum trägt es wohl diesen Namen?

Die Seeleute machen sich auf die Heimfahrt.
- Wie fühlen sich die Griechen wohl, als sie nach zehn Jahren endlich nach Hause zurückkehren können?
- Was würdest du an ihrer Stelle tun, um auf dem Meer an Essen und Trinken zu kommen?

Hinweise zu den Kopiervorlagen

Was ist eine Sage?
Hier lernen die Schüler die literarische Gattung Sage kennen. Als Vorbereitung können Sie gemeinsam das Bild auf dem Innentitel (Seite 3) betrachten und die Kinder beschreiben lassen, was sie sehen. Lenken Sie ihre Aufmerksamkeit vor allem auf die drei Figuren im linken Hintergrund. Um was für Wesen könnte es sich dabei handeln? Auch wenn die Schüler nicht wissen, was Sirenen sind, werden sie feststellen, dass sie einer fantastischen, „sagenhaften" Welt angehören.

Anschließend widmen sich die Kinder einem kurzen Sachtext und unterstreichen zentrale Begriffe, sodass gleichzeitig eine wichtige Lesestrategie geübt wird. Mit eigenen Worten erklären sie, was eine Sage ist. Ihr neues Wissen wenden sie an, indem sie die Sagen unter den vorgegebenen Titeln identifizieren.

Lösung
Aufgabe 1:
Sagen wurden früher zuerst mündlich weitererzählt, also „weiterge*sagt*", später hat man sie dann aufgeschrieben. Die Geschichten handeln von Ereignissen in der Vergangenheit. Meistens enthalten sie einen wahren Kern, zum Beispiel einen Ort, den es wirklich gibt oder gegeben hat, oder eine Person, die früher gelebt hat. Doch im Laufe der Zeit haben die Erzähler fantastische Dinge wie Zauberkräfte und Fabelwesen, beispielsweise Feen, dazuerfunden. Auch das wurde schließlich als „wahr" mit aufgeschrieben. Eine der ältesten Sagen aus Europa soll der antike Dichter Homer erzählt haben. Du liest sie gerade: „Die Abenteuer des Odysseus".

Aufgabe 2:
Eine Sage ist eine Geschichte, die aus einem wahren Kern und erfundenen Ereignissen besteht.

Aufgabe 3:
Der Rattenfänger von Hameln, Das Ungeheuer von Loch Ness

Aufgabe 4:
Bei den beiden Sagen wird ein echter Ort („Hameln", „Loch Ness") angegeben, es gibt aber auch fantastische Anteile („Ungeheuer"). Bei den anderen Geschichten handelt sich um Märchen oder Romane für Kinder.

Weiterführende Anregungen
- Die Schüler recherchieren zu einer der aufgeführten Sagen und stellen den Inhalt der Klasse kurz vor.
- Lesen Sie im Deutschunterricht mit den Kindern weitere Sagen und Schwänke. Manfred Mai hat neben „Odysseus" auch die berühmten Geschichten um „Till Eulenspiegel", „Die Schildbürger" und „Münchhausen" für den Hase und Igel Verlag neu erzählt.
- Falls es einen sagenumwobenen Ort in Ihrer Region gibt, können die Schüler Informationen dazu sammeln und auf einem Plakat präsentieren.

Das trojanische Pferd
Mit der Kopiervorlage wird die Textkenntnis überprüft, indem die Schüler zutreffende Aussagen identifizieren und Inhalte des 1. Kapitels mit eigenen Worten erklären.

Lösung
Aufgabe 1:
Lösungswort: MENELAOS

Aufgabe 2:
Menelaos war der Mann von Helena.

Aufgabe 3:
Odysseus' Schiff ist als einziges im Sturm nicht untergegangen. Daher sind seine Mannschaft und er nun allein auf See.

Weitere Unterrichtsvorschläge

- Basteln Sie mit den Kindern aus Klopapierrollen kleine trojanische Pferde. Bekleben Sie die Rollen mit braunem Tonpapier. Durch zwei braune Papierdreiecke als Ohren, Wackelaugen, einen weißen Halbkreis als Maul und zwei schwarze Punkte als Nüstern wird die Klopapierrolle zum Pferd. Mit Watte oder Wolle deuten die Schüler zwischen den Augen eine Mähne an. Nachdem sie ihr trojanisches Pferd gefüllt haben, z. B. mit Bonbons oder mit Stiften, können sie die Öffnung unten mit einem Stück Pappe verschließen.
- Sprechen Sie im Sachunterricht über die Himmelsrichtungen und die Orientierung im Raum, die besonders für Seefahrer wichtig ist. Sie orientieren sich dabei einerseits an natürlichen Anhaltspunkten wie dem Polarstern und der Sonne und andererseits mithilfe von Landkarten und Kompass.

2. Kapitel:
Unheimliche Spuren

Inhalt

Auf der Insel entdecken die Griechen Spuren ihrer Bewohner: Schafe und Ziegen in einem Gehege, eine Höhle und riesige Fußabdrücke. Odysseus' Gefährten wollen ein paar Tiere stehlen und dann schnell verschwinden, aber Odysseus hält sie zurück. Er möchte herausfinden, wer hier wohnt. Als die Männer Schritte hinter sich hören, verstecken sie sich in der Höhle. Sie erblicken einen riesigen, einäugigen Zyklopen. Nachdem er die Seeleute erspäht hat, frisst er zwei von ihnen auf. Die anderen können nicht fliehen, weil ein riesiger Felsbrocken den Eingang der Höhle versperrt.

Gesprächs- und Schreibanlässe

Die Griechen entdecken eine Höhle und riesige Fußspuren.
- Wie reagieren Odysseus und seine Gefährten darauf?
- Wie würdest du dich verhalten?

Die Männer sind in der Höhle gefangen.
- Wie fühlen sie sich wohl?
- Warst du schon einmal in einer Höhle? Erzähle.

Zwei Griechen sind tot, weil Odysseus unbedingt auf der Insel bleiben wollte.
- Ist Odysseus schuld an dem Tod seiner Gefährten? Begründe.

Hinweise zu den Kopiervorlagen

KV Seite 22

In der Höhle
Mit diesem Arbeitsblatt können Sie das Textverständnis und das genaue Lesen der Schüler überprüfen. Diese ergänzen die fehlenden Wörter und dürfen bei Unsicherheit auch in der Lektüre nachlesen. Um die Lösung zu finden, müssen sie auf die richtige Rechtschreibung achten.

Lösung
Aufgabe 1:
In der Höhle war ein Lager aus Fellen und Decken.
Die Männer wollten ein paar Ziegen und Schafe mitnehmen.
Der riesige Kerl trug Feuerholz auf der Schulter.
Sein Auge war mitten auf der Stirn.
Er verarbeitete die Milch zu neuem Käse.
Er rollte einen Felsblock vor den Eingang der Höhle.
Seine Stimme klang wie Donnergrollen.
Der Zyklop fraß den Mann mit Haut und Haaren.
Dann löschte er seinen Durst mit einem Eimer Milch.

Aufgabe 2:
Lösungswort: UNGEHEUER

Aufgabe 3:
Damit ist der Zyklop gemeint, der die Griechen frisst.

Aufgabe 4:
Bestie

Weiterführende Anregung
Gehen Sie im Anschluss an das Arbeitsblatt auf Synonyme ein. Lassen Sie die Schüler weitere bedeutungsgleiche oder bedeutungsähnliche Wörter für Begriffe aus der Lek-

türe finden. Dies zeigt einerseits, ob die Kinder die Bedeutung des Wortes verstanden haben. Andererseits hilft es ihnen beim eigenen Schreiben und der Vermeidung von Wiederholungen in Texten.

Speisen wie die Griechen
Bereiten Sie mit den Schülern Zaziki zu und lassen Sie sie dazu Schafskäse (oder anderen Käse) und griechisches Fladenbrot probieren. Kochen und Essen in der Gruppe ist immer ein schönes Gemeinschaftserlebnis für die Klasse.

Weiterführende Anregungen

- Im Fach Kunst malen die Kinder einen Zyklopen.
- Im Deutschunterricht schreiben die Schüler weitere Rezepte. Die Kopiervorlage „Speisen wie die Griechen" dient dabei als Vorlage. Beschränken Sie sich auf griechische Gerichte, um den Bezug zur Lektüre beizubehalten. Stellen Sie die Rezepte der Kinder zu einem Klassenkochbuch zusammen.

3. Kapitel: **In der Höhle gefangen**

Inhalt

Die Griechen sitzen verzweifelt in der Höhle fest. Odysseus schmiedet einen Fluchtplan. Er lässt seine Gefährten die Keule des Riesen zu einem Pfahl anspitzen. Mit drei Eimern Wein machen die Männer den Zyklopen betrunken und Odysseus nennt ihm einen falschen Namen: „Niemand". Sie rammen dem schlafenden Riesen die glühende Spitze des Pfahls ins Auge. Der blinde Polyphem tobt. Als die Zyklopen der Nachbarinseln fragen, was los sei, antwortet er: „Niemand ist in meiner Höhle! Niemand will mich töten!"

Odysseus und seine Männer entkommen, an die Bäuche von Widdern gekrallt, unbemerkt aus der Höhle. Der Zyklop wirft Felsblöcke nach dem Schiff der Griechen, aber verfehlt es knapp. Im Übermut verrät Odysseus dem Riesen seinen wahren Namen. Daraufhin bittet Polyphem seinen Vater Poseidon, Odysseus zu bestrafen. Der Meeresgott sorgt dafür, dass der König von Ithaka und seine Gefolgsleute jahrelang nicht nach Hause kommen.

Gesprächs- und Schreibanlässe

Die Griechen schlagen aus der Keule des Riesen einen Pfahl.

- Was siehst du auf dem Bild auf Seite 20/21 in der Lektüre? Wie wirken die Männer im Verhältnis zur Keule?
- Was siehst du auf dem Bild auf Seite 22 in der Lektüre? Wie wirkt der Eimer Wein im Verhältnis zum Riesen?
- Welchen Eindruck machen wohl andere Besitztümer des Riesen auf die Griechen? Was könnte der Zyklop über die Gegenstände der Seeleute denken?

Odysseus überlistet den Zyklopen, indem er ihm einen falschen Namen nennt.

- Hast du auch schon einmal jemanden ausgetrickst? Erzähle davon.
- Welche Ausdrücke fallen dir ein, die Odysseus mit dem gleichen Erfolg als Name hätte verwenden können? (z. B. „Keiner", „Kein Einziger", „Kein Mensch", „Keine Menschenseele")
- Auch du solltest nicht jedem deinen vollständigen Namen verraten. Bei wem oder wo solltest du vorsichtig sein? (z. B. fremde Leute, Internet)

Hinweise zu den Kopiervorlagen

Die Befreiung
Die Schüler ordnen die Textstreifen in der richtigen Reihenfolge und überprüfen so ihre Lesefähigkeiten und das Inhaltsverständnis. Das Lösungswort dient der Selbstkontrolle. Lassen Sie die Kinder im Klassengespräch ihre Meinung zu Odysseus' Vorgehen äußern: Wann handelt er schlau, in welcher Situation ist er leichtsinnig?

Lösung
Aufgaben 1 und 2:
Lösungswort: NIEMAND

Mein Lexikon: Fabelwesen
Odysseus begegnet auf seiner Reise nicht nur einem Zyklopen, sondern auch verschiedenen anderen Fabelwesen. Im Laufe der Lektüre legen die Schüler Steckbriefe zu ihnen an. Neben dem Zyklopen sollten Sirenen, Nymphen und das Seeungeheuer Skylla in das kleine Nachschlagewerk aufgenommen werden. Noch ein griechisches Fabelwesen findet sich auf dem Bild auf Seite 28 im Buch: der Hippokamp. Lassen Sie die Kinder das Lexikon durch zwei weitere beliebige Fabelwesen aus der griechischen Mythologie ergänzen (siehe Beispiele unter

Lösung). Schwächere Schüler können auch allgemein nach Fabelwesen suchen und müssen sich nicht auf das antike Griechenland beschränken. Wenn die Kinder den Auftrag als Hausaufgabe bearbeiten, haben sie die Möglichkeit, unbekannte Informationen in Büchern oder im Internet zu recherchieren.
So wird das Lexikon gebastelt:

1. Das Blatt einmal an der schmalen Seite und zweimal hintereinander an der langen Seite jeweils in der Mitte falten und wieder aufklappen, sodass die folgenden Faltlinien zu sehen sind:

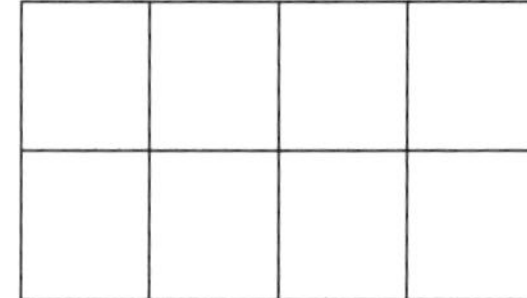

2. Dann das Blatt einmal an der langen Seite zusammenlegen und mit der Schere vom Falz bis zur Querfaltlinie einschneiden. Das Blatt wieder öffnen.

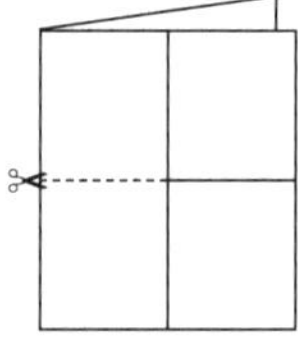

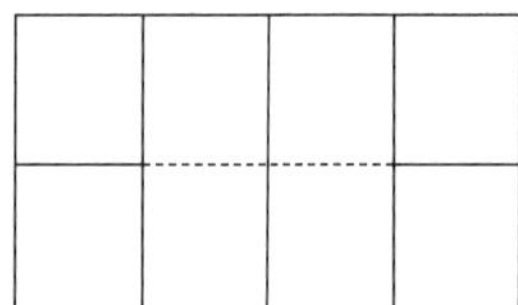

3. Das Blatt an der schmalen Seite in der Mitte falten und von außen mit beiden Händen zur Mitte zusammenschieben, sodass sich in der Mitte der Schnitt öffnet und das Papier vorn und hinten nach außen klappt.

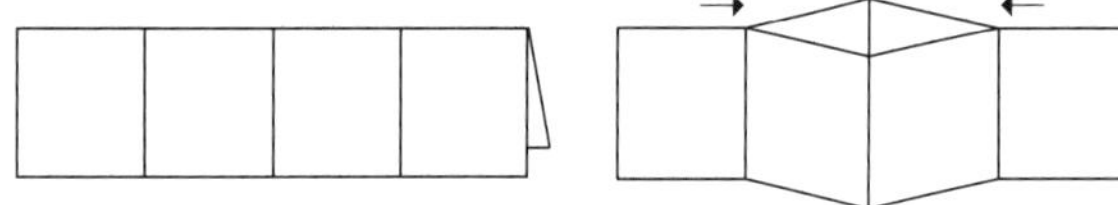

4. Die vier Buchseiten so aufeinanderlegen, dass die Seite mit dem Titel oben liegt. Die restlichen Seiten folgen den Seitenzahlen entsprechend.

Lösung
Name: Zyklop
Aussehen: riesig, ein Auge auf der Stirn
Besonderheiten: laute Stimme, frisst Menschen

Name: Sirene
Aussehen: Mischwesen aus Mensch und Vogel
Besonderheiten: lockt mit ihrem Gesang Seefahrer an

Name: Nymphe
Aussehen: schön, schlank, lange Haare
Besonderheiten: freundlich, langlebig, naturverbunden

Name: Skylla
Aussehen: Ungeheuer mit sechs Hundeköpfen
Besonderheiten: blitzschnell, frisst Menschen

Name: Hippokamp
Aussehen: Mischung aus Pferd und Fisch
Besonderheiten: Reittier des Meeresgottes Poseidon

Name: Kerberos
Aussehen: mehrköpfiger Hund
Besonderheiten: bewacht den Eingang zur Unterwelt

Name: Sphinx
Aussehen: geflügelter Löwe mit dem Kopf einer Frau
Besonderheiten: tötet Reisende, die ihr Rätsel nicht lösen können

Weiterführende Anregung
Unter *https://www.kinder-malvorlagen.com/zum-ausmalen/vorlagen-mythologie-griechisch.php* findet man Malvorlagen und kurze Erklärungen zu verschiedenen griechischen Fabelwesen.

4. Kapitel: **Die Zauberin Circe**

Inhalt

Die Griechen steuern eine weitere Insel an. Eurylochos erkundet mit einer Gruppe die Umgebung und Odysseus bleibt mit den anderen am Schiff. Eurylochos' Gruppe kommt zu einem Haus und ist bald von zahmen Löwen und Wölfen umringt. Eine schöne Frau lädt die Männer zum Essen ein. Nur Eurylochos folgt der Frau nicht ins Haus. Die Zauberin namens Circe verwandelt ihre Gäste in borstige Schweine.

Eurylochos berichtet Odysseus, was geschehen ist. Dieser macht sich auf, um seine Männer zu erlösen. Unterwegs trifft er den Götterboten Hermes, der ihm eine schwarze Wurzel überreicht. Sie soll Odysseus vor Circes Zauber schützen. Der König von Ithaka bedroht die schöne Frau mit dem Schwert und fordert die Aufhebung des Zaubers. Daraufhin gibt Circe den Männern ihre ursprüngliche Gestalt zurück.

Odysseus und seine Gefährten bleiben ein Jahr bei der Zauberin und ihren Dienerinnen, bevor sie erneut in See stechen.

Gesprächs- und Schreibanlässe

Die Seeleute treffen vor dem Haus der Zauberin auf Löwen und Wölfe. Später werden sie von Circe in Schweine verwandelt.

- Welche wilden Tiere hast du schon aus der Nähe gesehen?
- Was ist dein Lieblingstier?
- In welches Tier würdest du dich gerne einmal verwandeln lassen?

Circe ist eine Zauberin.

- Was würdest du tun, wenn du zaubern könntest?
- Welche berühmten Zauberer kennst du?
- Warst du schon einmal in einer Zaubervorstellung? Was hat dir besonders gefallen?
- Welche Zaubertricks kennst du?

Hinweise zu den Kopiervorlagen

Bei der Zauberin
Mit dieser Kopiervorlage wird das genaue Lesen überprüft. Die Schüler sollen die falschen Wörter in der Inhaltsangabe des 4. Kapitels finden und austauschen. Dabei können sie zu zweit arbeiten: Ein Kind liest seinem Partner den Text langsam vor. Durch genaues Zuhören identifiziert dieser die Fehler. In der zweiten Aufgabe werden die falschen Wörter ersetzt. Bei Unsicherheit blättern die Schüler in der Lektüre nach. Anschließend schreiben sie die korrekte Inhaltsangabe in ihr Heft und führen sich so den Handlungsverlauf vor Augen.

Lösung
Aufgabe 1:
Eines Morgens sahen die Griechen wieder Land vor sich. Sie steuerten eine Bucht an. Odysseus' Gruppe blieb beim Schiff, während der getreue ~~Arestides~~ die Umgebung mit seiner Gruppe ausspähte. Die Männer stießen auf ein schönes, großes ~~Schloss~~. Auf der Wiese davor trotteten Löwen und ~~Tiger~~ herum. Eine ~~hässliche~~ Frau lud sie zum Essen ein. Bis auf Eurylochos folgten alle der Frau ins Haus. Ihre Dienerinnen brachten Brot, Käse, ~~Wurst~~ und Wein. Die schöne Frau verwandelte die Männer in ~~Schwäne~~. Eurylochos hatte alles beobachtet und berichtete seinem König davon. Odysseus wollte seine Gefährten retten und traf unterwegs ~~Poseidon~~. Der gab ihm eine ~~rote~~ Wurzel, die ihn vor ~~Corinnas~~ Zauber schützen sollte. Nachdem die Frau ihn mit dem Zauberstab berührt hatte, zog Odysseus sein ~~Messer~~, als wollte er sie töten. Sie bestrich die Schweine mit Zaubersaft und diese wurden wieder zu ~~Prinzessinnen~~. Die Griechen blieben auf Circes Wunsch ~~drei Monate~~ auf der Insel.

Aufgabe 2:
Eurylochos, Wölfe, schöne, Haus, Honig, Schweine, Hermes, schwarze, Circes, Schwert, Männern, ein Jahr

Wortfamilie „zaubern"
Das Thema „zaubern" bietet einen Anlass, um sich mit Wortfamilien auseinanderzusetzen. Die Schüler identifizieren alle Ausdrücke, die zur Wortfamilie „zaubern" gehören, ordnen sie nach Wortarten und ergänzen weitere Begriffe. Einige passende Wörter stehen im Buch auf den Seiten 32 bis 35 (Zauberkraft, Zaubersaft, bezaubernd). Im Anschluss daran finden die Kinder heraus, zu welcher Wortfamilie die übrigen Ausdrücke auf dem Blatt gehören.

Lösung
Aufgabe 1:

Nomen	Adjektive	Verben
Zauber	zauberhaft	zaubern
Zauberstab	verzaubert	verzaubern
Zaubertrick	z. B. bezaubernd	entzaubern
Zauberspruch	z. B. zauberisch	bezaubern
z. B. Zauberkraft	z. B. zauberkräftig	z. B. wegzaubern

Aufgabe 2:
Sie gehören zur Wortfamilie zahlen / zählen mit dem Wortstamm zahl / zähl.

Nomen	Adjektive	Verben
Zahl	zählbar	zählen
Schrittzähler	unzählig	verzählen
Erzählung	z. B. zahlreich	erzählen
Zahlung	z. B. zahllos	z. B. abzahlen
z. B. Anzahl	z. B. bezahlbar	z. B. heimzahlen

Weiterführende Anregung
Im Deutschunterricht suchen die Schüler weitere Wortfamilien. Führen Sie mit den gefundenen Wortfamilien ein Spiel durch: Schreiben Sie Wörter aus zwei oder drei Wortfamilien auf Kärtchen. Jedes Kind erhält ein Kärtchen. Die Schüler sollen sich nun zu Wortfamilien zusammenfinden, indem sie ruhig durch den Klassenraum gehen und sich gegenseitig ihre Kärtchen zeigen.

5. Kapitel:
Der Gesang der Sirenen

Inhalt

Die Griechen segeln an der Insel der Sirenen vorbei. Diese Fabelwesen locken mit ihrem wunderschönen Gesang Seefahrer zu sich und töten sie. Odysseus befiehlt deshalb seinen Gefährten, sich die Ohren mit Wachs zu verschließen. Da er selbst die Sirenen hören möchte, lässt er sich an den Mast fesseln. Seine Männer sollen ihn keinesfalls losbinden. Als Odysseus den Gesang vernimmt, will er unbedingt befreit werden und zu den Sirenen fahren. Doch seine Gefährten missachten diese Forderung und retten dadurch ihren König.

Bald darauf müssen die Griechen eine Schlucht durchfahren, in der links das Ungeheuer Skylla in einer Höhle lauert und rechts der gefährliche Strudel Charybdis aus dem Felsen quillt. Dem Steuermann gelingt es, den Strudel zu umschiffen. Doch Skylla schnappt sich mit ihren sechs Hundemäulern sechs Männer und verschlingt sie. Die übrige Besatzung entkommt dem Ungeheuer.

Gesprächs- und Schreibanlässe

Wieder müssen Odysseus und seine Männer gefährliche Abenteuer bestehen, unter anderem einen Strudel umschiffen.

- Was war das gefährlichste Abenteuer, das du erlebt hast? Erzähle.
- Welche Naturerscheinungen findest du bedrohlich?

Eine bekannte Redewendung lautet: „zwischen Skylla und Charybdis sein".

- Was könnte das bedeuten?
- Wann warst du schon einmal „zwischen Skylla und Charybdis"?

Hinweise zu den Kopiervorlagen

KV Seite 28

Die Insel der Sirenen
Das Verständnis des 5. Kapitels wird mit einem motivierenden Kreuzworträtsel überprüft. Um die richtigen Lösungsbuchstaben zu erhalten, müssen die Schüler hier besonders auf die Rechtschreibung achten.

Lösung

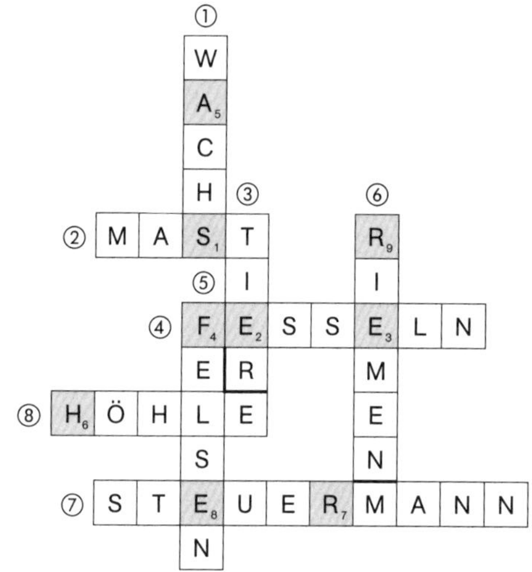

Lösungswort: SEEFAHRER

KV Seite 29

Teekesselchen
Zunächst machen sich die Schüler bewusst, dass der Begriff „Sirene" in der Lektüre eine andere Bedeutung hat als in ihrem Alltag. Sprechen Sie anschließend im Plenum darüber, was die zwei Bedeutungen des Wortes gemeinsam haben (beide Sirenen erzeugen Geräusche, die Gefahr ankündigen). Die Fabelwesen Sirenen werden in das Lexikon (Seite 25) aufgenommen.

Der Begriff bildet den Ausgangspunkt für das Spiel „Teekesselchen": Die Kinder spielen mit einem Partner. Sie wählen abwechselnd ein Wort von der Kopiervorlage und stellen dem anderen zwei Rätsel dazu. Dafür ersetzen sie den Begriff durch den Ausdruck „Mein Teekesselchen" und umschreiben seine Eigenschaften in beiden Bedeutungen. Der andere rät, um welches Wort es sich handelt. Je kreativer die Umschreibungen sind, desto schwieriger ist das Finden der Lösung. Durch das Formulieren der Rätselsätze wird die Sprachkompetenz gefördert.

Lösung
Aufgabe 1:
Sirenen sind hier Fabelwesen aus Vogel und Mensch, die mit ihrem Gesang Seefahrer anlocken und dann töten.

Aufgabe 2:
Sirenen sind auch Geräte, die Alarm geben.

Aufgabe 3:
Bienenstich: Mein Teekesselchen kann man im Sommer bekommen und es ist schmerzhaft. – Mein Teekesselchen ist ein Kuchen mit Sahne und Mandeln.
Decke: Mein Teekesselchen ist aus Stoff. – Mein Teekesselchen ist oben im Zimmer.
Blatt: Auf meinem Teekesselchen schreibt man. – Mein Teekesselchen hängt am Baum.
Hahn: Aus meinem Teekesselchen fließt Wasser. – Mein Teekesselchen lebt auf dem Bauernhof und ist oft morgens zu hören.
Kiefer: Mein Teekesselchen ist ein Nadelbaum. – Mein Teekesselchen befindet sich unten im Gesicht.
Bremse: Mein Teekesselchen ist ein Insekt. – Mein Teekesselchen kann ein Fahrzeug verlangsamen.
Flügel: Mein Teekesselchen hat jeder Vogel. – Mein Teekesselchen ist ein Musikinstrument.
Leiter: Mein Teekesselchen kann man hinauf- und hinuntersteigen. – Mein Teekesselchen führt eine Gruppe an.
Pony: Auf meinem Teekesselchen kann man reiten. – Mein Teekesselchen ist Teil einer Frisur.
Nadel: Mit meinem Teekesselchen kann man Stoffe verknüpfen. – Mein Teekesselchen ist immergrün.
Ton: Aus meinem Teekesselchen kann man Geschirr formen. – Mein Teekesselchen ist ein Geräusch.

6. Kapitel: **Alles verloren**

Inhalt

Die Griechen erreichen die Insel, auf der die heiligen Rinder des Sonnengottes Helios weiden. Circe hatte Odysseus davor gewarnt, diese Insel zu betreten. Doch seine Gefährten wollen eine Pause einlegen. Odysseus gibt nach, lässt die Männer aber schwören, keines der Tiere zu töten. Da der Wind gedreht hat, sitzen die Griechen einige Tage auf der Insel fest. Bald haben sie Früchte, Beeren und Fische satt. Als Odysseus schläft, schlachten sie einige Rinder und braten sie. Der König erwacht und ist außer sich. Er fleht die Götter um Gnade, doch vergeblich. Zeus verspricht Helios, die Untat zu rächen.

Kaum verlassen die Griechen die Insel, kommt ein Unwetter auf. Das Schiff sinkt und alle Gefährten ertrinken. Odysseus wird auf die Insel Ogygia gespült und von der Nymphe Kalypso gesund gepflegt. Kalypso verliebt sich in den König und hält ihn sieben Jahre gefangen. Die Göttin Athene bittet Zeus, ihrem Schützling zu helfen. Der Götterrat beschließt, dass die Nymphe Odysseus ziehen lassen muss. So kann der König von Ithaka seine Heimreise fortsetzen.

Gesprächs- und Schreibanlässe

Die Griechen missachten das Verbot, die heiligen Rinder zu töten.

- Hast du dir auch schon einmal etwas so sehr gewünscht, dass du ein Verbot missachtet hast? Was war das? Welche Folgen hatte dein Handeln?
- Was isst du gern? Was magst du überhaupt nicht?
- In welchem Land bzw. welcher Religion sind Kühe heute noch heilig? (Indien, Hinduismus)

Die Götter beeinflussen das Schicksal von Odysseus und seinen Gefährten.

- Wie reagieren sie auf das Schlachten der Rinder?
- Findest du ihre Strafe gerecht und angemessen? Begründe.
- Welchen Beschluss trifft der Götterrat über Odysseus?
- Was hältst du von dieser Entscheidung?

Auf der Insel Ogygia hat Odysseus Heimweh.

- Wie äußert sich sein Heimweh?
- In welchen Situationen hattest du schon Heimweh?
- Was kann man gegen dieses Gefühl tun?

Hinweise zu den Kopiervorlagen

Die heiligen Rinder und Kalypso
Diese Kopiervorlage bietet Ihnen die Möglichkeit, das Textverständnis zu überprüfen. Die Schüler lesen die Fragen und Antworten aufmerksam und kreuzen die richtigen Aussagen an. Das Lösungswort dient der Selbstkontrolle.

Lösung
Lösungswort: HELIOS

Die griechischen Götter
Im Laufe von Odysseus' Reise greifen immer wieder Götter in das Geschehen ein. Hier ordnen die Schüler den auftretenden Gottheiten ihre Funktionen zu und stellen so auch ihr Leseverstehen unter Beweis. In einem motivierenden Gitterrätsel suchen sie die Götter-

namen. Durch die beiden zusätzlich versteckten Göttinnen werden die Kinder angeregt, sich über die Lektüre hinaus mit der griechischen Götterwelt zu beschäftigen.

Lösung
Aufgabe 1:
Zeus: der Göttervater
Hermes: der Götterbote
Athene: die Göttin der Weisheit
Helios: der Sonnengott
Poseidon: der Gott des Meeres

Aufgabe 2:

R	A	M	S	A	R	U	G	P	A	N	Ö	M	L	A
S	D	A	P	H	R	O	D	I	T	E	L	K	O	W
B	N	E	R	E	U	Z	Z	I	H	L	K	T	R	W
W	E	A	S	R	R	T	A	W	E	R	F	A	P	S
R	T	A	W	M	E	R	T	Z	N	U	F	G	O	A
Q	W	E	R	E	T	Z	U	H	E	R	A	I	S	M
A	Z	S	D	S	E	A	W	N	M	L	O	F	E	N
H	E	L	I	O	S	L	A	S	Q	W	E	R	I	A
S	U	A	N	T	O	P	P	D	S	A	G	E	D	T
S	S	M	X	E	K	O	U	Z	E	S	F	W	O	R
D	F	A	H	Z	P	H	O	L	W	E	D	S	N	K

Weiterführende Anregung
Lassen Sie die Schüler in Büchern oder im Internet weitere Informationen über die griechischen Götter recherchieren. Dabei hilft z. B. die Kindersuchmaschine *www.helles-koepfchen.de*. Im Internet findet man auch passende Ausmalvorlagen. In Gruppen können die Schüler verschiedene griechische Götter und ihre Aufgaben in Kurzreferaten vorstellen.

KV Seite 32

Nymphen
Mit diesem Arbeitsblatt lernen die Schüler ein weiteres Fabelwesen kennen, das in der Lektüre eine Rolle spielt: die Nymphe. Die erste Aufgabe dient der Wiederholung und Übung der Wortarten. Anschließend bilden die Kinder eigene Sätze über Nymphen. Hier können Sie auch Satzanfänge, Satzzeichen und eventuell Satzarten zum Thema machen.

Da in der Lektüre keine Nymphe abgebildet ist, nutzen die Schüler ihre Sätze und die eigene Vorstellung als Grundlage, um das Fabelwesen zu malen. Im Anschluss können Sie ihnen geeignete Darstellungen im Internet zeigen, z. B. auf dieser Seite: *https://griechische-mythologie.wikia.org/wiki/Nymphen*. Die Informationen über die Nymphe werden in das Lexikon der Fabelwesen (Seite 25) aufgenommen.

Lösung
Aufgabe 1:

Nomen	Adjektive	Verben
Schönheit	schlank	pflanzen
Naturgeist	naturverbunden	tanzen
Mädchen	langlebig	weben
	langhaarig	schwimmen
	freundlich	jagen

Aufgabe 2:
z. B. Eine Nymphe ist ein Naturgeist, der sehr lange lebt. Sie ist naturverbunden und von großer Schönheit. Die schlanken, langhaarigen Mädchen tanzen, weben und jagen gerne.

7. Kapitel: **Bei den Phäaken**

Inhalt

Poseidon schickt einen Sturm, um Odysseus' Heimkehr hinauszuzögern. Töten kann er Odysseus nicht, da auch er sich an den Beschluss des Götterrats halten muss. Der König stürzt ins Wasser und wird auf die Insel Scheria geschwemmt, auf der die Phäaken leben. Deren König Alkinoos gibt ein Fest für den Fremden. Dort erzählt ein alter Sänger vom Trojanischen Krieg und dem klugen Odysseus, der mit seiner List den Krieg beenden, aber noch immer nicht nach Hause zurückkehren konnte. Odysseus weint und berichtet schließlich zur Überraschung aller, dass er dieser König sei. Alkinoos lässt ihn am nächsten Tag mit einem Schiff nach Ithaka bringen.

Gesprächs- und Schreibanlässe

Poseidon schickt einen gewaltigen Sturm.
- Was beabsichtigt er damit?
- Warum kann er Odysseus nicht töten?

Die Phäaken sind sehr gastfreundlich.
- Wodurch zeigen sie ihre Gastfreundschaft?

- Was machst du, wenn du einen Gast zu Besuch hast?
- Welches Verhalten erwartest du von deinem Gast?

Hinweise zu den Kopiervorlagen

KV Seite 33

Die Heimkehr

Hier wird das Textverständnis der Schüler überprüft. Sie lesen die Inhaltsangabe des 7. Kapitels und wählen in jedem Satz aus zwei alternativen Wörtern das richtige aus. Bei Bedarf kann in der Lektüre nachgelesen werden. Durch das Lösungswort ist die Selbstkontrolle möglich.

Lösung

Aufgaben 1 und 2:
Lösungswort:
GESCHENKE

Aufgabe 3:
Odysseus bekam von den Phäaken viele Geschenke, die sie in seiner Heimat neben ihn an Land stellten.

KV Seite 34

Die Ankunft

Dieses Arbeitsblatt regt die Kinder zum kreativen Schreiben an. Sie überlegen sich, wie die Geschichte von Odysseus nach dem 7. Kapitel weitergehen könnte. Als Hilfestellung dienen fünf Fragen, die sie in ihrem Text beantworten sollen. Für schwächere Schüler können Sie auch Ideenkarten mit Stichpunkten zur Verfügung stellen.

Lösung

z. B. Odysseus erwacht am Strand und reibt sich die Augen. Er kann es gar nicht glauben, aber in einiger Entfernung sieht er seinen Palast. Gleich daneben steht der Tempel der Götter. Schnell springt er auf und rennt zum Tor des Palastes. Als er versucht hineinzukommen, wird er von zwei Wachen gepackt. „Aber ich bin euer König!", schreit er. Die Männer lachen ihn aus. Sie schleppen Odysseus zum Hauptmann. Dieser schaut ihn prüfend an. Schließlich bringt er ihn zur Königin, die inzwischen das Land mit der Unterstützung ihres Sohnes regiert. Die Frau betrachtet den Fremden. „Du hast die Augen von Odysseus", meint sie. „Ich bin es", antwortet dieser. „Du hast auch seine Stimme", erwidert die Königin. Dann fallen sie sich glücklich in die Arme.

Die Vase des Alkinoos

Betrachten Sie gemeinsam die Zeichnung der Vase. Die Schüler sollen Regelmäßigkeiten und Wiederholungen der Formen erkennen und benennen. Ein typisches griechisches Ornament ist der Mäander, der an der breitesten Stelle der Vase zu sehen ist. Er steht für Unsterblichkeit.

Anschließend ergänzen die Kinder die rechte Hälfte der Vase und zeichnen die Muster weiter. Beim Ausmalen beachten sie nicht nur die Regelmäßigkeit der Form, sondern auch der Farbe.

Weiterführende Anregung

Das Arbeitsblatt führt in den mathematischen Bereich „Muster und Strukturen". Im Mathematikunterricht kann dieses Thema vertieft werden. Passende Anregungen finden Sie nicht nur in Mathebüchern, sondern auch im Internet, z. B. unter: *https://unterrichten.zum.de/images/1/1f/Mia-MusterStrukturen.1.pdf*. In diesem Heft geht es nicht nur um geometrische Muster, sondern auch um Strukturen bei Zahlenfolgen und Zahlenmauern.

Archäologie

Der Sachtext vermittelt Informationen über die Wissenschaft der Archäologie und die Tätigkeit von Archäologen. Die Schüler üben durch das Finden von Überschriften zu jedem Abschnitt eine wichtige Lesestrategie. Die Überschriften können auch als Fragen formuliert werden. In der zweiten Aufgabe beweisen sie ihr Textverständnis.

Lösung

Aufgabe 1:
z. B. 1. Abschnitt: Die Wissenschaft der Archäologie / Was ist Archäologie?
2. Abschnitt: Die Tätigkeit von Archäologen / Was machen Archäologen?
3. Abschnitt: Die Fähigkeiten von Archäologen / Was sollten Archäologen können?

Aufgabe 2:
1. Das Wort „Archäologie" bedeutet „die Lehre von dem, was alt ist".
2. Archäologen beschäftigen sich mit Ruinen und Gegenständen aus der Vergangenheit.
3. Archäologen benutzen zum Beispiel Schaufeln, Spachteln und das Internet.
4. Archäologen sollten alte Sprachen kennen, um Inschriften auf den Fundstücken lesen zu können.

8. Kapitel:
Heimkehr nach Ithaka

Inhalt

Als Odysseus erwacht, weiß er zunächst nicht, wo er sich befindet. Da begegnet ihm die Göttin Athene. Sie erklärt Odysseus, dass er zurück in seiner Heimat Ithaka sei. Anschließend verwandelt sie ihn in einen Bettler. So soll er seinen treuesten Untertan, den Schweinehirten Eumaios, aufsuchen und sich nach den Zuständen an seinem Hof erkundigen. Eumaois erzählt von den Freiern, die Penelope heiraten wollten, um König zu werden. Doch die Königin sei Odysseus treu.

Inzwischen spürt Athene Odysseus' Sohn in Sparta auf und schickt ihn zu Eumaios. Dort trifft Telemach seinen Vater, erkennt ihn jedoch nicht. Athene gibt Odysseus sein königliches Aussehen zurück und die beiden fallen sich in die Arme. Gemeinsam schmieden sie einen Plan, um sich an den Freiern zu rächen. Ohne Penelope einzuweihen, soll Telemach wieder nach Hause gehen. Odysseus will ihm in Gestalt des Bettlers folgen und sich selbst ein Bild machen. Anschließend soll Telemach die Waffen der Freier verstecken und sie wollen gegen sie kämpfen.

Gesprächs- und Schreibanlässe

Odysseus und sein Sohn begegnen sich nach zwanzig Jahren wieder.

- Wie geht es ihnen bei diesem Treffen?
- Was haben sie sich wohl zu erzählen?
- Warst du schon einmal längere Zeit von jemandem getrennt? Wie war das Wiedersehen für dich?

Odysseus und Telemach müssen sich noch einmal in Gefahr begeben, um den Königshof zurückzuerobern.

- Können sie gegen so viele Freier bestehen? Begründe.
- Welchen Trick würdest du anwenden, um die Freier aus dem Palast zu bekommen?

Hinweise zu den Kopiervorlagen

Beim Schweinehirten

Das Verständnis des 8. Kapitels wird hier überprüft, indem die Schüler die Aussagen in den Sprechblasen jeweils einer der drei Figuren zuordnen. Bei Unsicherheit können sie in der Lektüre nachlesen.

Lösung

Odysseus (blau):
„Der König von Ithaka lebt und wird bald heimkehren."
„Nein, ich bin kein Gott. Ich bin dein Vater."
„Zu niemandem ein Wort, dass ich lebe, auch zu deiner Mutter nicht!"

Eumaios (rot):
„Penelope war ihrem Ehemann bis zum heutigen Tag treu und wartet auf ihn."
„Wie gut, dass du wieder da bist, Telemach."

Telemach (grün):
„Den Weg kannst du dir sparen, Fremder."
„Du musst ein Gott sein."

Weiterführende Anregungen

- Im Deutschunterricht kann die wörtliche Rede thematisiert werden. Führen Sie den vorangestellten und den nachgestellten Redebegleitsatz und die entsprechenden Satzzeichen ein. Die Schüler schreiben die wörtliche Rede aus den Sprechblasen mit passenden Begleitsätzen auf.
- In Dreiergruppen (Odysseus, Telemach, Eumaios) spielen die Kinder die Szene beim Schweinehirten nach. Als Vorbereitung lesen sie die Seiten 54 bis 57 (ab „Drinnen saßen der Schweinehirt und sein Gast (...)" bis zum Ende des Kapitels) mit verteilten Rollen. Im Anschluss können Freiwillige die Szene der ganzen Klasse präsentieren.

Die Herde von Eumaios

Ausgehend vom Schweinehirten Eumaios bietet dieses Arbeitsblatt zwei Aufgaben zum Knobeln. Die Kinder finden die Lösung durch Ausprobieren heraus: Sie wählen eine Anzahl Schweine (in der ersten Aufgabe z. B. 10) sowie die entsprechende Anzahl Hühner (in der ersten Aufgabe z. B. 27) und multiplizieren sie jeweils mit der Zahl ihrer Beine (4 bzw. 2). An der Summe aus beiden Ergebnissen erkennen sie, ob sie mehr oder weniger Schweine nehmen müssen, um die Gesamtzahl der Beine (in der ersten Aufgabe 106) zu erreichen.

Differenzierung ist möglich, indem Sie starke Schüler beide Aufgaben allein lösen lassen und mit schwächeren Kindern die erste Aufgabe gemeinsam bearbeiten. Diese übertragen dann ihr neues Wissen auf die zweite Aufgabe.

Lösung

Aufgabe 1:
$16 \cdot 4 = 64$
$21 \cdot 2 = 42$
$64 + 42 = 106$
Antwort: Er hat 16 Schweine und 21 Hühner.

Aufgabe 2:
12 · 4 = 48
23 · 2 = 46
48 + 46 = 94
Antwort: Er hatte 12 Schweine und 23 Hühner.

Weiterführende Anregung
Stellen Sie schnellen Schülern weitere ähnliche Aufgaben mit anderen Tieren, z. B. mit Spinnen (8 Beine) und Käfern (6 Beine): „Es gibt 18 Tiere. Gemeinsam haben diese 120 Beine. Wie viele Spinnen und wie viele Käfer sind es?" Die Lösung lautet: „Es sind 6 Spinnen und 12 Käfer."

Wenn Sie die Gesamtzahl der Tiere nicht angeben, wird die Aufgabe einfacher und es lassen sich verschiedene Lösungen finden. Die Kinder können sich auch selbst solche Aufgaben ausdenken und sie ihren Mitschülern zum Knobeln geben.

9. Kapitel:
Die Rache

Inhalt

Odysseus kommt als Bettler an seinen Hof. Er bittet die Freier um Almosen, wird aber von den meisten abgewiesen. Auf Athenes Rat lobt Penelope einen Wettkampf unter den Männern aus: Wer mit Odysseus' Bogen durch die Ösen von zwölf Äxten schießen könne, den werde sie heiraten. Einer nach dem anderen scheitert an der Aufgabe. Unter dem Gespött der Freier versucht es nun auch der vermeintliche Bettler. Er trifft durch alle zwölf Ösen und richtet seinen Pfeil dann auf Antinoos. Mit Unterstützung von Telemach, Eumaios und Athene tötet Odysseus auch die übrigen Freier.

Penelope erkennt ihren Ehemann zuerst nicht. Sie unterzieht ihn einer Prüfung, indem sie zwei Dienerinnen auffordert, das Ehebett zu holen. Odysseus weiß, dass dies unmöglich ist, weil das Bett mit der Erde verwachsen ist. Da glaubt Penelope ihm endlich und sie fallen sich glücklich um den Hals.

Gesprächs- und Schreibanlässe

Odysseus und seine Familie sehen sich nach vielen Jahren wieder.

- Wie erleben sie ihr Wiedersehen? Nenne Adjektive, die zu dieser Situation passen.
- Warum erkennt Penelope ihren Mann zuerst nicht?

Endlich glaubt die Königin Odysseus und fällt ihm um den Hals.

- Wie nennt man ein gutes Ende in Geschichten oder Filmen?
- Wie könnte das gemeinsame Leben von Odysseus und Penelope jetzt weitergehen?

Athene und die anderen Götter greifen in der Lektüre immer wieder in das Leben der Menschen ein.

- Was hältst du davon?
- Glaubst du, dass Gott dein Leben beeinflusst? Wann hast du das so empfunden?

Hinweise zu den Kopiervorlagen

Das Wiedersehen
Die Schüler stellen auf diesem Arbeitsblatt ihre Lesefertigkeiten und ihr Textverständnis unter Beweis. Dazu prüfen sie Aussagen auf ihren Wahrheitsgehalt und finden ein Lösungswort. In Aufgabe 2 erklären die Kinder mit eigenen Worten, wie Odysseus von seiner Frau auf die Probe gestellt wird.

Lösung
Aufgabe 1:
Lösungswort: PENELOPE

Aufgabe 2:
Penelope fordert ihre Dienerinnen auf, das Ehebett aus dem Schlafzimmer zu tragen. Nur Odysseus weiß, dass das Bett nicht bewegt werden kann, da es einen Baumstumpf als Fuß hat und mit der Erde verwachsen ist.

Die Stationen der Reise
Im Rückblick vollziehen die Kinder noch einmal Odysseus' Reise nach, indem sie die einzelnen Abenteuer in die richtige zeitliche Abfolge bringen. Schwächere Schüler nehmen die Karte von der Kopiervorlage „Die Reise des Odysseus" (Seite 18) und „Odysseus' Logbuch" (Seite 19) zu Hilfe.

Lösung
Aufgabe 1:
1. Odysseus strandet auf der Insel des Zyklopen.
2. Odysseus begegnet Circe.
3. Odysseus hört den Gesang der Sirenen und umschifft Skylla und Charybdis.
4. Odysseus segelt zur Insel der heiligen Rinder.
5. Odysseus lebt bei Kalypso.
6. Odysseus wird auf die Insel Scheria geschwemmt.
7. Odysseus kehrt zurück nach Ithaka.

Aufgabe 2:
Lösungswort: BETTLER

Aufgabe 3:
Odysseus wurde von der Göttin Athene in einen armseligen Bettler verwandelt und kehrt in dieser Gestalt unerkannt an den Königshof zurück.

Weiterführende Anregung
Die Schüler schreiben auf, wie der nächste Tag der wiedervereinten Familie aussehen könnte. Mögliche Anregungen: Sie schlafen aus, Odysseus berichtet von seinen Abenteuern, Penelope und Telemach erzählen von ihrem Leben am Königshof …

Nach der Lektüre

Die Kopiervorlagen in diesem Abschnitt bieten verschiedene Anregungen, um sich vertiefend mit dem gesamten Buch auseinanderzusetzen. So äußern die Schüler rückblickend ihre Meinung über die Lektüre, gehen historischen Fragestellungen nach und beschäftigen sich mit den Eigenschaften eines „wahren Helden". Ein fiktives Interview mit Odysseus und ein Würfelspiel ermöglichen einen kreativen und lebendigen Abschluss der Unterrichtseinheit.

Meine Buchbewertung
Die Schüler geben eine Einschätzung ab, wie ihnen das Buch gefallen hat. Im anschließenden Klassengespräch sollen sie ihre Meinung begründen. So erkennen sie, welche Art von Geschichten ihnen Freude bereitet und warum.

Ein wahrer Held?
Diese Kopiervorlage geht zum einen der Frage nach, ob es Odysseus wirklich gegeben hat. Außerdem machen sich die Schüler Gedanken darüber, welche Eigenschaften ein wahrer Held besitzen sollte. Mit einem Partner tauschen sie sich darüber aus, ob Odysseus ein Held ist, und begründen ihre Meinung mithilfe von Beispielen aus dem Buch. So festigen sie noch einmal ihr Wissen über die Lektüre und üben sich im Argumentieren.

Lösung
Aufgabe 1:
Ein blinder Schriftsteller namens Homer soll die sagenhafte Erzählung über Odysseus geschrieben haben. Leider kann man über Homer nur Vermutungen anstellen.
Die Wissenschaftler versuchen auch herauszufinden, ob und welche historische Persönlichkeit das Vorbild für Odysseus war. Manche glauben, dass Odysseus ein erfundener Charakter ist, der alle Eigenschaften eines „wahren Helden" mitbringt.
Vor einigen Jahren fand man auf der griechischen Insel Kefalonia ein königliches Grabmal mit einem Siegelstein, auf dem ein Hund mit einem Rehkalb abgebildet war. Laut Homer soll dies das Familienwappen von Odysseus sein. Ist dieser König vielleicht das Vorbild für Odysseus?
Das Geheimnis um Odysseus konnte noch nicht geklärt werden. Die Arbeit der Archäologen bleibt spannend.

Aufgabe 2:
z. B. stark, mutig, gerecht, schlau, schnell, geschickt, geduldig, listig

Aufgabe 3:
z. B. Odysseus ist ein „wahrer Held", weil er sehr schlau ist. Das zeigt zum Beispiel seine List mit dem trojanischen Pferd. Odysseus beweist viel Mut, als er mit dem Zyklopen spricht. Heldenhaft ist der König von Ithaka auch durch seinen Einsatz für andere. So geht er zu Circe, um seine Gefährten von ihrem Zauber zu erlösen.
Odysseus ist kein „wahrer Held", denn er bringt sich und seine Männer mehrmals unnötig in Gefahr. Aus reiner Neugier betritt er die Höhle des Zyklopen und verliert dadurch sechs seiner Gefährten. Auch dass er Polyphem im Übermut seinen Namen verrät, ist leichtsinnig. Außerdem ist er sehr rachsüchtig: Nach seiner Rückkehr tötet er alle Freier.

Weiterführende Anregungen
- Gehen Sie im Klassengespräch auf weitere bekannte Helden ein, z. B. Robin Hood, König Artus, Hannibal, Comicfiguren wie Spider-Man, Superman oder Batman und Sportler. Welche Eigenschaften haben diese Helden?
- Die Schüler schildern eine Begegnung zwischen Odysseus und einem der obigen Helden in einer Fantasiegeschichte.

Fragen für ein Interview
Hier arbeiten die Schüler den Unterschied zwischen offenen und geschlossenen Fragen heraus. Dies dient der Vorbereitung eines Interviews mit Odysseus (siehe Kopiervorlage „Interview mit Odysseus", Seite 44).

Lösung

Aufgaben 1 und 2:

z. B. Ja.
Nein.
Ja.
Frageform: geschlossene Fragen

z. B. Mein Lieblingsessen ist Pizza.
Ich mag Deutsch am liebsten.
Ich möchte nach Italien fahren.
Frageform: offene Fragen

Aufgabe 3:

Offene Fragen eignen sich besser für ein Interview, da der Gesprächspartner eigene, ausführliche und genaue Antworten geben kann. Auf diese Weise erfährt man mehr über ihn und seine Ansichten.

KV Seite 44

Interview mit Odysseus

Für diese Kopiervorlage wird Partnerarbeit empfohlen. Beide Kinder überlegen sich Fragen an Odysseus. Die Fragewörter helfen ihnen dabei. Anschließend tauschen sie die Blätter aus und beantworten als Odysseus die Interviewfragen des Partners. Nach einer gemeinsamen Überarbeitung üben sie die Interviews ein und Freiwillige tragen sie der Klasse vor. Dabei sollte Wert auf Mimik, Gestik und Betonung gelegt werden. Besonders gelungene Interviews kann man als Hörspiel aufnehmen.

Weiterführende Anregungen

- Gestalten Sie eine Einheit zum Interview im Deutschunterricht. Unter der Internetadresse von „Planet Schule" finden Sie Ideen und Anregungen dazu: *https://www.planet-schule.de/wissenspool/filmbildung-in-der-grundschule/inhalt/unterricht/interview.html.*
- Die Schüler führen ein echtes Interview mit einer Person aus ihrem Umfeld.

Die Fahrt nach Ithaka

Mit einem Würfelspiel wird der Inhalt der Lektüre wiederholt und vertieft. Die Odysseus- und Götter-Karten machen deutlich, dass Odysseus' Reise sowohl durch sein eigenes Handeln als auch durch das Eingreifen der Götter bestimmt ist, und rufen zentrale Textstellen in Erinnerung.

Kopieren Sie die Hälften des Spielplans (Seite 46/47). Die Kinder kleben sie auf einen dünnen Pappkarton und malen sie aus. Um eine bessere Haltbarkeit zu gewährleisten, können Sie den Spielplan laminieren. Die Karten werden ebenfalls kopiert, laminiert und ausgeschnitten. Die Blanko-Kärtchen dürfen die Schüler selbst mit Fragen und passenden Antworten, Ereignissen und zugehörigen Aktionen füllen. Alternativ bereiten Sie die Kärtchen vor.

Die Odysseus- und Götter-Karten werden gemischt und verdeckt auf die entsprechenden Felder des Plans gelegt. Jeder Mitspieler stellt eine Spielfigur auf das Startfeld. Es wird reihum gewürfelt. Wer die höchste Zahl würfelt, beginnt. Landet ein Spieler auf einem Odysseus- oder Götterfeld, zieht sein linker Nachbar eine entsprechende Karte und liest sie vor. Das Kind führt die angegebene Aktion aus oder beantwortet die Frage. Gewonnen hat, wer zuerst im Zielfeld – und damit in Ithaka – ankommt.

Die Reise des Odysseus

Zeichne nach und nach die Route von Odysseus' Reise auf der Landkarte ein.

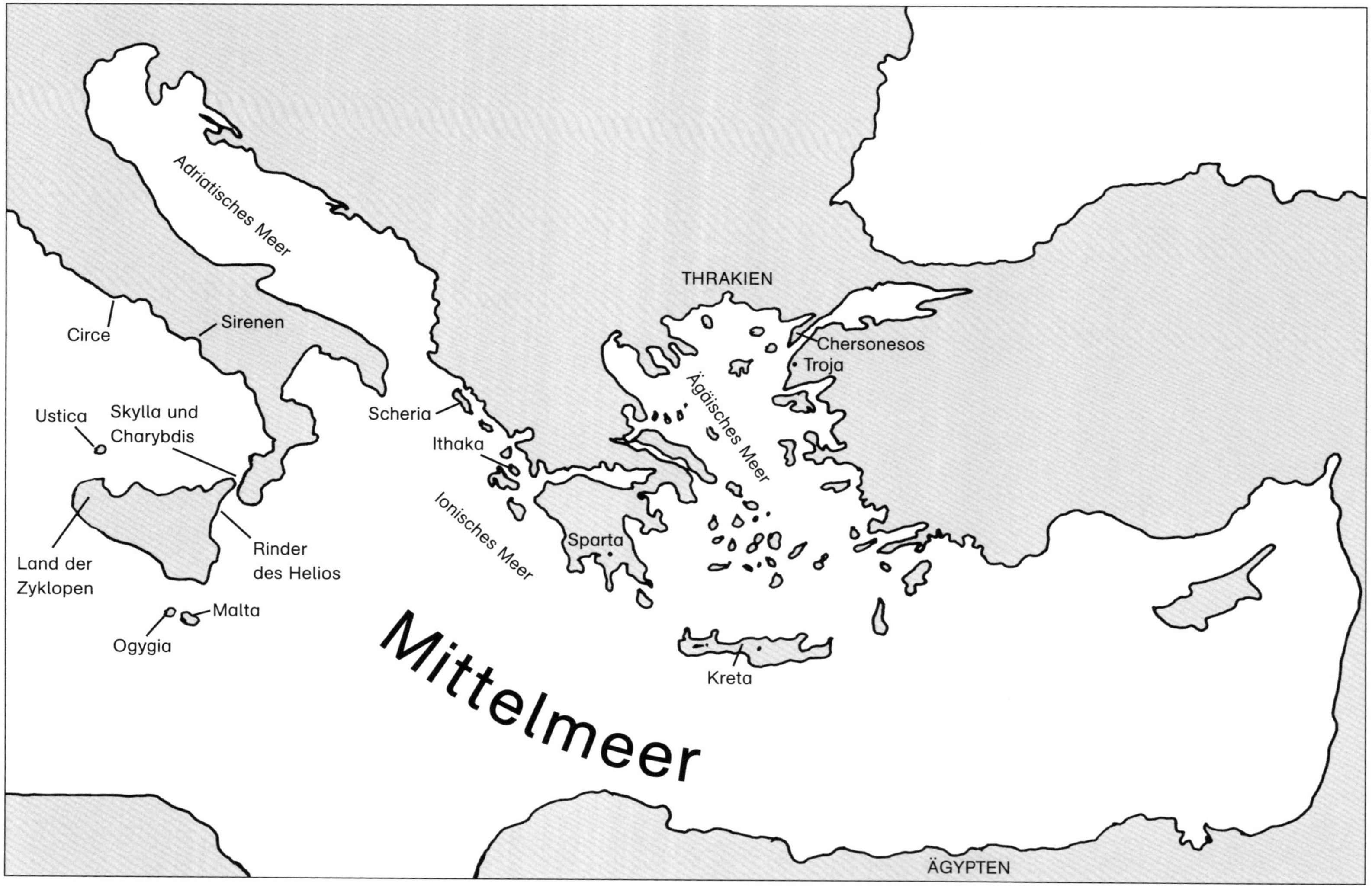

Adriatisches Meer
THRAKIEN
Circe
Sirenen
Chersonesos
Troja
Scheria
Ustica
Skylla und Charybdis
Ithaka
Ägäisches Meer
Ionisches Meer
Sparta
Land der Zyklopen
Rinder des Helios
Malta
Ogygia
Mittelmeer
Kreta
ÄGYPTEN

Name:

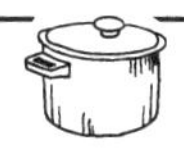

lesen schreiben rätseln Spracharbeit malen kochen

Odysseus' Logbuch

Schreibe die wichtigsten Ereignisse der Reise in Stichworten auf.

Startort der Reise: ____________ Zielort der Reise: ____________

1. Kapitel: ____________

2. Kapitel: ____________

3. Kapitel: ____________

4. Kapitel: ____________

5. Kapitel: ____________

6. Kapitel: ____________

7. Kapitel: ____________

8. Kapitel: ____________

9. Kapitel: ____________

Was ist eine Sage?

Lies den Text und unterstreiche wichtige Wörter über die Sage.

Sagen wurden früher zuerst mündlich weitererzählt, also „weiterge*sagt*“, später hat man sie dann aufgeschrieben. Die Geschichten handeln von Ereignissen in der Vergangenheit. Meistens enthalten sie einen wahren Kern, zum Beispiel einen Ort, den es wirklich gibt oder gegeben hat, oder eine Person, die früher gelebt hat. Doch im Laufe der Zeit haben die Erzähler fantastische Dinge wie Zauberkräfte und Fabelwesen, beispielsweise Feen, dazuerfunden. Auch das wurde schließlich als „wahr“ mit aufgeschrieben.

Eine der ältesten Sagen aus Europa soll der antike Dichter Homer erzählt haben. Du liest sie gerade: „Die Abenteuer des Odysseus“.

Schreibe in einem Satz auf, was eine Sage ist.

Bei welchen Geschichten handelt es sich wahrscheinlich um Sagen?
Male die Rahmen farbig an.

Der Rattenfänger von Hameln

Rotkäppchen

Pippi Langstrumpf

Harry Potter

Das Ungeheuer von Loch Ness

Begründe, warum es sich dabei um Sagen handeln könnte.

Name:

lesen **schreiben** rätseln Spracharbeit malen kochen

Das trojanische Pferd

Im 1. Kapitel wendet Odysseus eine List an, um den Krieg zu beenden.

Kreuze die richtigen Aussagen an. Die Buchstaben dahinter ergeben ein Lösungswort. Schreibe es auf.

- ☐ Homer soll die Sage im 8. Jahrhundert vor Christus erzählt haben. **(M)**
- ☐ Der Prinz Paris entführte Helena, die schönste Frau der Welt. **(E)**
- ☐ Zwanzig Jahre lang belagerten die Griechen die Stadt. **(S)**
- ☐ Die Griechen bauten ein riesiges Pferd aus Holz. **(N)**
- ☐ Sie taten so, als würden sie den Kampf aufgeben und nach Hause fahren. **(E)**
- ☐ Die Trojaner ließen das Pferd mit den Griechen im Bauch vor der Stadt stehen. **(A)**
- ☐ Nachts öffneten Odysseus und seine Männer die Stadttore für die anderen Griechen. **(L)**
- ☐ Die Götter freuten sich über den Sieg der Griechen. **(F)**
- ☐ Die Götter schickten ein Unwetter, weil die Griechen auch im Tempel Menschen getötet hatten. **(A)**
- ☐ Alle griechischen Schiffe gingen unter. **(Z)**
- ☐ Odysseus' Mannschaft musste nach ein paar Tagen ihre Vorräte auf einer Insel auffüllen. **(O)**
- ☐ Darunter waren drei Fässer Wein. **(S)**
- ☐ Weit und breit war kein Land in Sicht. **(T)**

Lösungswort: ☐☐☐☐☐☐☐☐

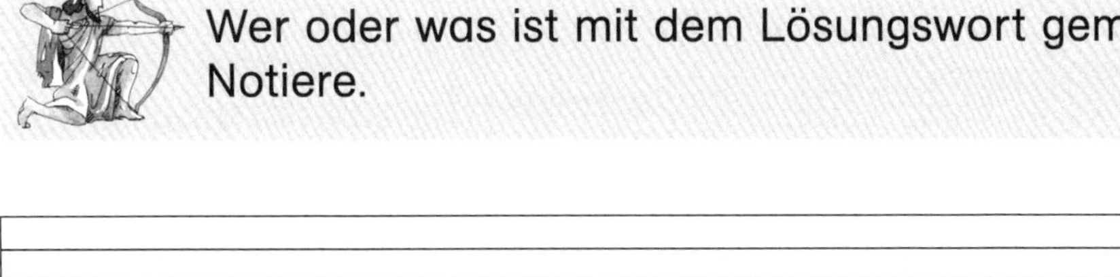

Wer oder was ist mit dem Lösungswort gemeint? Notiere.

Warum heißt das 1. Kapitel „Allein auf dem Meer"? Erkläre.

Name:

 lesen 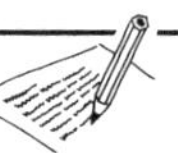 schreiben  rätseln  Spracharbeit  malen 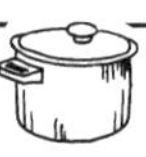 kochen

In der Höhle

Ergänze die fehlenden Wörter aus der Lektüre in Großbuchstaben.

In der Höhle war ein Lager aus _ _ _ _ _ _ (4) und Decken.

Die Männer wollten ein paar _ _ _ _ _ _ (3) und Schafe mitnehmen.

Der riesige Kerl trug _ _ _ _ _ _ _ _ _ (1) auf der Schulter.

Sein _ _ _ _ (7) war mitten auf der Stirn.

Er verarbeitete die Milch zu neuem _ _ _ _ (8).

Er rollte einen _ _ _ _ _ _ _ _ _ (6) vor den Eingang der Höhle.

Seine Stimme klang wie _ _ _ _ _ _ _ _ _ _ _ _ _ (2).

Der Zyklop fraß den Mann mit _ _ _ _ (5) und Haaren.

Dann löschte er seinen Durst mit einem _ _ _ _ _ (9) Milch.

Wenn du die Buchstaben aus den grauen Kästchen hier einträgst, erhältst du ein Lösungswort.

Lösungswort: | 1 | 2 | 3 | 4 | 5 | 6 | 7 | 8 | 9 |

Wer oder was ist mit dem Lösungswort gemeint? Erkläre.

Im 2. Kapitel findest du noch ein anderes Wort für Ungeheuer. Schreibe es auf.

Lies auf Seite 18 nach.

Name:

lesen schreiben rätseln Spracharbeit malen **kochen**

Speisen wie die Griechen

Im 2. Kapitel isst der Zyklop Fladenbrot mit Schafskäse. Die Griechen mögen dazu gerne Zaziki.

Bereitet das Rezept zu.

Ihr braucht:

- ein großes Fladenbrot für jeweils sechs Schüler
- 200 Gramm Schafskäse pro Fladenbrot
- ein Viertel Salatgurke
- einen Becher griechischen Joghurt
- Salz
- zwei Knoblauchzehen

So geht's:

1. Schält die Salatgurke und raspelt sie klein.
2. Gebt die zerkleinerte Gurke mit dem griechischen Joghurt in eine Schüssel.
3. Drückt den Knoblauch mit einer Presse hinein.
4. Verrührt alles und schmeckt es mit Salz ab.
5. Backt das Fladenbrot kurz im Ofen auf.
6. Schneidet es waagrecht durch.
7. Bestreicht die untere Hälfte mit Zaziki und belegt sie mit Käse.
8. Legt die obere Brothälfte wieder darauf.
9. Schneidet das Brot in sechs Stücke.

Lasst es euch schmecken!

Name:

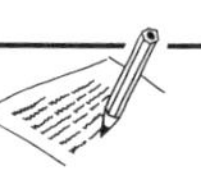

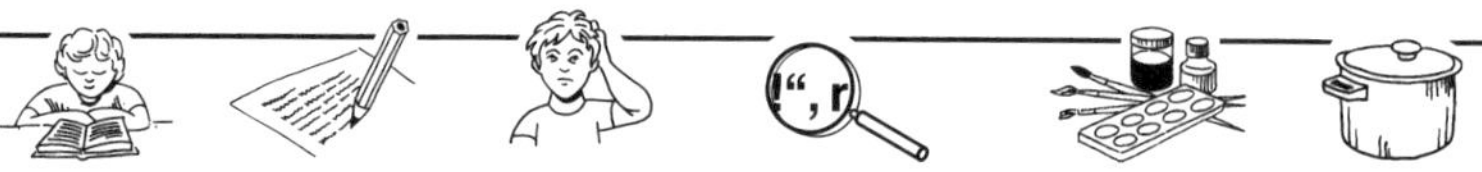

lesen schreiben **rätseln** Spracharbeit malen kochen

Die Befreiung

Im 3. Kapitel schmiedet Odysseus einen Fluchtplan.

Schneide die Textstreifen aus, ordne sie und klebe sie auf ein Blatt.

In der richtigen Reihenfolge ergeben die Buchstaben hinter den Sätzen ein Lösungswort. Schreibe es auf.

Lösungswort: | | | | | | | |

✂

Am nächsten Morgen wollte der jammernde Riese seine hungrigen Schafe und Ziegen aus der Höhle lassen. Um die Flucht der Männer zu verhindern, tastete er den Rücken der Tiere ab. **(A)**

Jeder Mann hatte Angst, das nächste Opfer des Zyklopen zu werden. Odysseus entdeckte die Keule des Ungeheuers und gemeinsam schlugen die Griechen einen spitzen Pfahl daraus. **(I)**

Nach dem Aufwachen machte der Zyklop zuerst Feuer. Anschließend verschlang er zwei Männer zum Frühstück. Er trieb seine Tiere aus der Höhle und verschloss den Eingang wieder. **(N)**

Odysseus verriet dem Zyklopen seinen wahren Namen. Daraufhin bat der Riese seinen Vater Poseidon, Odysseus zu bestrafen. Der sorgte dafür, dass die Griechen jahrelang nicht nach Hause kamen. **(D)**

Am Abend verschlang der Riese wieder zwei Männer. Odysseus schenkte ihm ein Fass Wein. Der Zyklop fragte ihn nach seinem Namen. Odysseus nannte sich „Niemand“. **(E)**

Die Seeleute krallten sich am Bauch der stärksten Widder fest und entkamen. Odysseus verspottete den Riesen. Der wurde zornig und warf einen Felsblock Richtung Schiff. Er verfehlte es nur knapp. **(N)**

Nachdem der Zyklop eingeschlafen war, rammten die Griechen ihm die glühende Spitze des Pfahls ins Auge. Das Ungeheuer tobte. Doch keiner der anderen Zyklopen half ihm, da Polyphem schrie: „Niemand ist in meiner Höhle!“ **(M)**

1

Mein Lexikon:

Fabelwesen

von

2

Name:

Zyklop

Aussehen:

Besonderheiten:

3

Name:

Aussehen:

Besonderheiten:

4

Name:

Aussehen:

Besonderheiten:

5

Name:

Aussehen:

Besonderheiten:

6

Name:

Aussehen:

Besonderheiten:

7

Name:

Aussehen:

Besonderheiten:

8

Name:

Aussehen:

Besonderheiten:

Name:

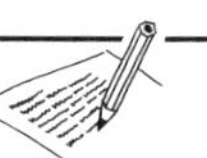

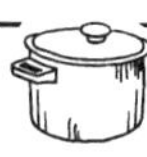

lesen **schreiben** rätseln Spracharbeit malen kochen

Bei der Zauberin

Lies die Inhaltsangabe des 4. Kapitels. Es haben sich zwölf Fehler eingeschlichen. Streiche diese Wörter oder Wortgruppen durch.

Eines Morgens sahen die Griechen wieder Land vor sich. Sie steuerten eine Bucht an. Odysseus' Gruppe blieb beim Schiff, während der getreue Arestides die Umgebung mit seiner Gruppe ausspähte. Die Männer stießen auf ein schönes, großes Haus. Auf der Wiese davor trotteten Löwen und Tiger herum. Eine hässliche Frau lud sie zum Essen ein. Bis auf Eurylochos folgten alle der Frau ins Schloss. Ihre Dienerinnen brachten Brot, Käse, Wurst und Wein. Die schöne Frau verwandelte die Männer in Schwäne. Eurylochos hatte alles beobachtet und berichtete seinem König davon. Odysseus wollte seine Gefährten retten und traf unterwegs Poseidon. Der gab ihm eine rote Wurzel, die ihn vor Corinnas Zauber schützen sollte. Nachdem die Frau ihn mit dem Zauberstab berührt hatte, zog Odysseus sein Messer, als wollte er sie töten. Sie bestrich die Schweine mit Zaubersaft und diese wurden wieder zu Prinzessinnen. Die Griechen blieben auf Circes Wunsch drei Monate auf der Insel.

Ersetze die falschen Angaben durch die richtigen Wörter.

Schreibe die verbesserte Inhaltsangabe in dein Heft.

Name:

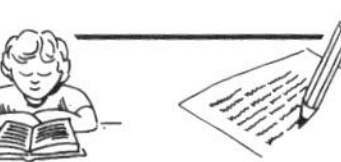

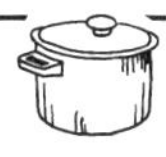

lesen | schreiben | rätseln | Spracharbeit | malen | kochen

Wortfamilie „zaubern“

Mit Hermes’ Hilfe kann Odysseus dem Zauber der Circe entgehen.

Ordne die Begriffe aus der Wortfamilie „zaubern“ richtig in die Tabelle ein. Ergänze weitere Wörter.

Eine Wortfamilie besteht aus Wörtern, die den gleichen Wortstamm haben. Hier lautet der Wortstamm „zaub“.

zaubern | Zahl | Zauber | Schrittzähler | zauberhaft

zählen | Zauberstab | Erzählung | verzaubern | verzählen

entzaubern | erzählen | verzaubert | bezaubern | Zahlung

zählbar | Zaubertrick | Zauberspruch | unzählig

Nomen	Adjektive	Verben

Zu welcher Wortfamilie gehören die übrig gebliebenen Wörter? Schreibe auf. Lege dann eine Tabelle wie in Aufgabe 1 in deinem Heft an.

Sie gehören zur Wortfamilie ______ / ______ mit dem Wortstamm

______ / ______.

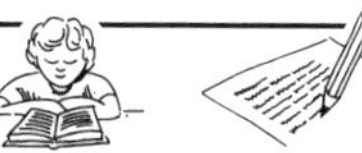   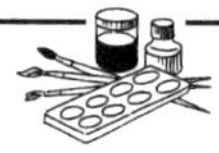 

Name:

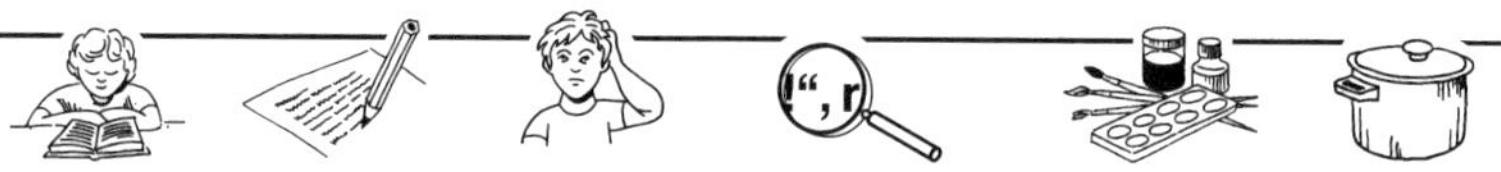

lesen | schreiben | rätseln | Spracharbeit | malen | kochen

Die Insel der Sirenen

Löse das Kreuzworträtsel zum 5. Kapitel und schreibe das Lösungswort auf.

1. Die Gefährten stopften sich … in ihre Ohren.
2. Odysseus ließ sich an den … binden.
3. Als er den Gesang hörte, fletschte er die Zähne wie ein wildes …
4. Nachdem sich der König wieder beruhigt hatte, löste Eurylochos dessen …
5. Bald sahen sie die Gischt in einer Schlucht zwischen zwei …
6. Trotz der Angst ergriffen die Männer die Ruder und legten sich in die …
7. Der … schaffte es, den gefährlichen Strudel zu umschiffen.
8. Skylla schnellte aus der … hervor.

①

③ ⑥

②

⑤

④

⑧

⑦

Lösungswort: | 1 | 2 | 3 | 4 | 5 | 6 | 7 | 8 | 9 |

Name:

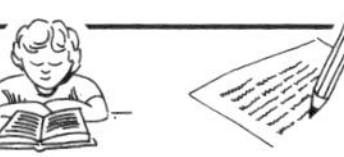

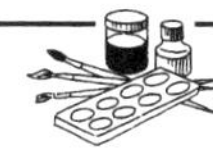

lesen | schreiben | rätseln | Spracharbeit | malen | kochen

Teekesselchen

Odysseus hört im 5. Kapitel den Gesang der Sirenen.

Was ist hier mit „Sirenen“ gemeint? Erkläre.

Lies auf Seite 35 nach und schau dir das Bild auf Seite 36 an.

Welche Bedeutung hat das Wort „Sirene“ noch? Schreibe auf.

Spiele mit deinem Partner „Teekesselchen“. Wähle einen Begriff unten aus und beschreibe seine beiden Bedeutungen mit anderen Worten.

Beispiel: Mit meinem Teekesselchen kann man spielen.
Mein Teekesselchen ist eine Feier, auf der viel getanzt wird.

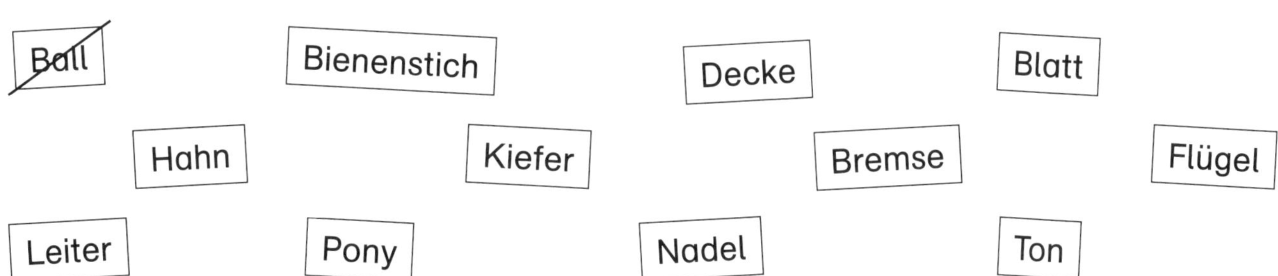

Name:

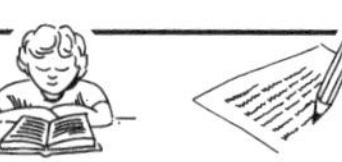
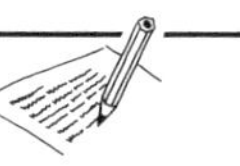

lesen schreiben **rätseln** Spracharbeit malen kochen

Die heiligen Rinder und Kalypso

Beantworte die Fragen zum 6. Kapitel. Die Buchstaben ergeben von oben nach unten gelesen ein Lösungswort.

1. Warum gibt Odysseus nach und lässt die Männer auf der Insel Rast machen?
   - ☐ Seine Gefährten schwören, dass sie kein Rind des Sonnengottes töten werden. **(H)**
   - ☐ Er hat Hunger und will einen saftigen Braten essen. **(A)**
   - ☐ Alle versprechen, die Tiere von Hermes in Ruhe zu lassen. **(K)**

2. Was essen die Griechen auf der Insel?
   - ☐ Sie nehmen nur Früchte, Beeren und Kräuter zu sich. **(R)**
   - ☐ Odysseus' Gefährten schlachten und braten ein paar Rinder. **(E)**
   - ☐ Odysseus isst zusammen mit seinen Männern ein gegrilltes Rind. **(L)**

3. Welche Folgen hat der Sturm?
   - ☐ Die gesamte Besatzung ertrinkt. **(E)**
   - ☐ Nur Odysseus bleibt am Leben, da er nichts vom Rindfleisch gegessen hat. **(L)**
   - ☐ Die Mannschaft rettet sich mit letzter Kraft ans Ufer. **(R)**

4. Was macht die Nymphe Kalypso mit Odysseus?
   - ☐ Sie nimmt den Schiffbrüchigen unfreundlich auf. **(H)**
   - ☐ Kalypso pflegt Odysseus gesund und schenkt ihm ein Floß für die Heimkehr. **(O)**
   - ☐ Nachdem Odysseus wieder gesund ist, hält Kalypso ihn gefangen. **(I)**

5. Wie fühlt sich Odysseus bei Kalypso?
   - ☐ Er ist oft todtraurig. **(O)**
   - ☐ Ihm gefällt es bei Kalypso. **(S)**
   - ☐ Odysseus langweilt sich. **(E)**

6. Was beschließt der Götterrat?
   - ☐ Odysseus soll auf der Insel bleiben. **(F)**
   - ☐ Kalypso muss Odysseus freigeben. **(S)**
   - ☐ Poseidon soll Odysseus in Ruhe lassen. **(D)**

Lösungswort:

1	2	3	4	5	6

Name:

lesen schreiben **rätseln** Spracharbeit malen kochen

Die griechischen Götter

Odysseus begegnet auf seiner Reise verschiedenen Göttern. Jeder Gott ist für einen bestimmten Bereich zuständig.

Ordne jedem Gott die passende Bezeichnung zu.

Zeus •	• der Sonnengott
Hermes •	• der Gott des Meeres
Athene •	• der Göttervater
Helios •	• die Göttin der Weisheit
Poseidon •	• der Götterbote

Finde die fünf Götter und rahme sie ein. Sie sind sowohl senkrecht als auch waagrecht angeordnet.

Im Gitterrätsel haben sich zwei weitere Göttinnen versteckt: die Göttin der Schönheit und die Ehefrau des Göttervaters.

R	A	M	S	A	R	U	G	P	A	N	Ö	M	L	A
S	D	A	P	H	R	O	D	I	T	E	L	K	O	W
B	N	E	R	E	U	Z	Z	I	H	L	K	T	R	W
W	E	A	S	R	R	T	A	W	E	R	F	A	P	S
R	T	A	W	M	E	R	T	Z	N	U	F	G	O	A
Q	W	E	R	E	T	Z	U	H	E	R	A	I	S	M
A	Z	S	D	S	E	A	W	N	M	L	O	F	E	N
H	E	L	I	O	S	L	A	S	Q	W	E	R	I	A
S	U	A	N	T	O	P	P	D	S	A	G	E	D	T
S	S	M	X	E	K	O	U	Z	E	S	F	W	O	R
D	F	A	H	Z	P	H	O	L	W	E	D	S	N	K

Name:

lesen | schreiben | rätseln | Spracharbeit | malen | kochen

Nymphen

Die Nymphe Kalypso nimmt Odysseus auf und pflegt ihn gesund.

Die folgenden Wörter beschreiben Nymphen. Ordne sie richtig in die Tabelle ein.

Achtung: Ein Wort passt nicht!

Schönheit | pflanzen | Naturgeist | schlank | tanzen | naturverbunden | Mädchen | langlebig | weben | schwimmen | Nähmaschine | langhaarig | freundlich | jagen

Nomen	Adjektive	Verben

Erkläre, was eine Nymphe ist. Bilde dazu Sätze mit den Wörtern aus der Tabelle. Male dann eine Nymphe daneben.

Die Heimkehr

Im 7. Kapitel fährt Odysseus mit dem Floß Richtung Heimat.

Was passiert dann? Streiche die falschen fett gedruckten Wörter durch.

Das gefiel **Poseidon (G) / Helios (P)** nicht. **Fröhlich (O) / Wütend (E)** schickte er einen gewaltigen Sturm. Er wollte Odysseus' Heimkehr **ermöglichen (M) / hinauszögern (S)**. Odysseus strandete auf einer Insel mit dem Namen **Phäaken (R) / Scheria (C)**. Ihr König hieß **Alkinoos (H) / Akinos (E)**. Ein alter **Sänger (E) / Schriftsteller (S)** erzählte die Geschichte vom Trojanischen Krieg und von Odysseus. Dieser **lachte (A) / weinte (N)**. Er erklärte, dass er selbst dieser König von **Inlaka (B) / Ithaka (K)** sei. Gleich am nächsten **Wochenende (P) / Tag (E)** ließ Alkinoos den König von Ithaka mit dem Schiff in seine Heimat bringen.

Die Buchstaben hinter den richtigen Wörtern ergeben der Reihe nach gelesen ein Lösungswort. Schreibe es auf.

Lösungswort: | | | | | | | | | |

Was hat das Lösungswort mit dem 7. Kapitel zu tun? Erkläre mit eigenen Worten.

Name:

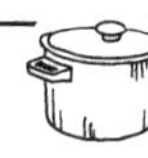

lesen **schreiben** rätseln Spracharbeit **malen** kochen

Die Ankunft

Am Ende des 7. Kapitels schläft Odysseus an der Küste seiner Heimat Ithaka.

Was passiert wohl, nachdem Odysseus erwacht? Schreibe die Geschichte weiter und male ein Bild dazu.

Beantworte folgende Fragen:
Was tut Odysseus als Erstes?
Erkennen die Menschen ihren König wieder?
Wer ist inzwischen Herrscher von Ithaka?
Wie reagiert Odysseus' Ehefrau?
Was sagt sein Sohn beim Wiedersehen?

Name:

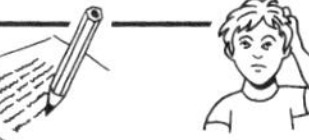

lesen schreiben rätseln Spracharbeit **malen** kochen

Die Vase des Alkinoos

Archäologen haben die Überreste eines Geschenks von Alkinoos an Odysseus gefunden.

Kannst du ihnen helfen, die Vase wieder vollständig zu machen?
Zeichne die Muster weiter. Male die Vase dann farbig aus.

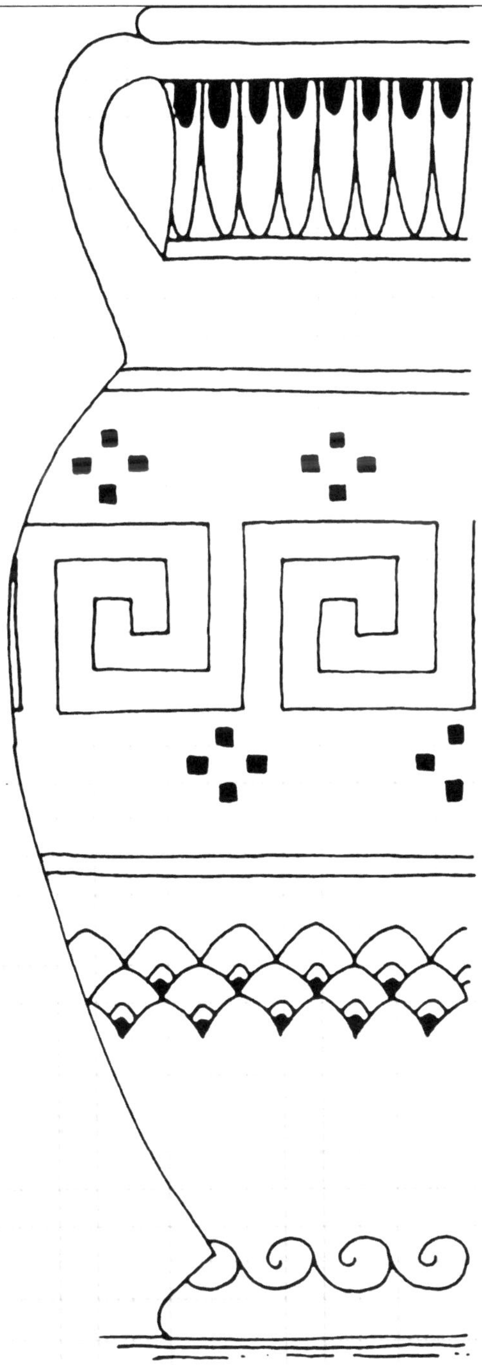

Name:

lesen **schreiben** rätseln Spracharbeit malen kochen

Archäologie

Lies den Text und finde eine passende Überschrift für jeden Abschnitt.

Die Archäologie ist eine Wissenschaft. Das Wort bedeutet „die Lehre von dem, was alt ist". Archäologen beschäftigen sich mit Ruinen und Gegenständen aus der Vergangenheit, zum Beispiel mit Gefäßen aus Metall oder Ton. Dadurch finden sie viel über frühere Völker und Kulturen heraus. Dank der Archäologen wissen wir auch einiges über die Antike, also die Zeit, in der die Geschichte von Odysseus spielt.

Die Wissenschaftler graben mit Schaufeln, Spaten und Hacken nach Überresten in der Erde. Diese legen sie mit Pinseln und Spachteln vorsichtig frei. Um die Gegenstände vor Rost und Verfall zu schützen, werden sie speziell behandelt. Daraufhin versuchen die Archäologen, ihre Fundstücke zu erklären. Dazu machen sie Untersuchungen im Labor und recherchieren in alten Schriften, in Büchern und im Internet.

Archäologen brauchen viele unterschiedliche Fähigkeiten und Kenntnisse. Sie sollten gut messen und rechnen können, jedoch auch alte Sprachen kennen. So sind sie in der Lage, Inschriften auf den Fundstücken zu lesen.

Beantworte die folgenden Fragen in deinem Heft.

1. Was bedeutet das Wort „Archäologie"?
2. Womit beschäftigen sich Archäologen?
3. Nenne drei Hilfsmittel, die Archäologen bei ihrer Arbeit benutzen.
4. Warum sollten Archäologen alte Sprachen kennen?

Name:

lesen
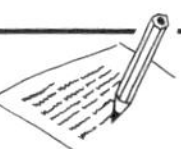
schreiben

rätseln

Spracharbeit
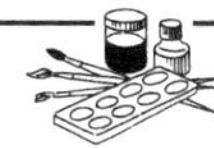
malen

kochen

Beim Schweinehirten

Im 8. Kapitel geht Odysseus als Bettler zum Schweinehirten Eumaios, um sich ein Bild von den Zuständen in seinem Haus zu machen.

Wer sagt was? Rahme die Sprechblasen mit den passenden Farben ein.

Odysseus = blau
Eumaios = rot
Telemach = grün

Penelope war ihrem Ehemann bis zum heutigen Tag treu und wartet auf ihn.

Wie gut, dass du wieder da bist, Telemach.

Der König von Ithaka lebt und wird bald heimkehren.

Den Weg kannst du dir sparen, Fremder.

Zu niemandem ein Wort, dass ich lebe, auch zu deiner Mutter nicht!

Du musst ein Gott sein.

Nein, ich bin kein Gott. Ich bin dein Vater.

Name:

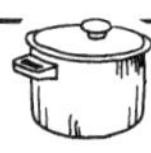

lesen schreiben **rätseln** Spracharbeit malen kochen

Die Herde von Eumaios

Eumaios' Arbeit ist es, auf Schweine aufzupassen. Er hat sich jedoch auch einige Hühner angeschafft.

Eumaios hat 37 Tiere. Gemeinsam haben diese 106 Beine. Wie viele Schweine und wie viele Hühner hat er? Rechne.

Die Lösung findest du durch Ausprobieren: Wähle eine bestimmte Anzahl von Schweinen. Am Ergebnis erkennst du, ob du mehr oder weniger Schweine brauchst.

Antwort: Er hat ☐ Schweine und ☐ Hühner.

Letztes Jahr hatte Eumaios nur 35 Tiere. Diese hatten zusammen 94 Beine. Wie viele Schweine und Hühner hatte er letztes Jahr? Rechne.

Antwort: Er hatte ☐ Schweine und ☐ Hühner.

Name:

lesen **schreiben** **rätseln** Spracharbeit malen kochen

Das Wiedersehen

Im 9. Kapitel geht Odysseus als Bettler zum Königshof.

Wahr oder falsch? Kreise jeweils den richtigen Buchstaben ein. Von unten nach oben gelesen ergibt sich ein Lösungswort. Schreibe es darunter.

	wahr	falsch
1. Odysseus setzt sich neben die Tür zum Saal.	E	B
2. Antinoos wirft einen Stuhl nach ihm.	A	P
3. Die Göttin Aphrodite besucht Odysseus' Frau.	L	O
4. Penelope ruft einen Wettkampf aus.	L	A
5. Mit dem Bogen des Odysseus sollen die Männer durch die Ösen von elf hintereinander aufgestellten Äxten schießen.	M	E
6. Fast alle Freier können den Bogen spannen.	S	N
7. Alle Freier werden getötet.	E	A
8. Penelope stellt auch Odysseus auf die Probe.	P	E

Lösungswort:

8	7	6	5	4	3	2	1

Wie stellt Penelope Odysseus auf die Probe? Erkläre.

Name:

lesen **schreiben** **rätseln** Spracharbeit malen kochen

Die Stationen der Reise

Auf seiner jahrelangen Irrfahrt kommt Odysseus an verschiedene Orte.

Bringe die Stationen in die richtige Reihenfolge, indem du die Kästchen nummerierst.

- ☐ Odysseus lebt bei Kalypso. **(L)**
- ☐ Odysseus hört den Gesang der Sirenen und umschifft Skylla und Charybdis. **(T)**
- ☐ Odysseus strandet auf der Insel des Zyklopen. **(B)**
- ☐ Odysseus kehrt zurück nach Ithaka. **(R)**
- ☐ Odysseus segelt zur Insel der heiligen Rinder. **(T)**
- ☐ Odysseus begegnet Circe. **(E)**
- ☐ Odysseus wird auf die Insel Scheria geschwemmt. **(E)**

Wenn du die Sätze richtig geordnet hat, ergeben die Buchstaben dahinter ein Lösungswort. Schreibe es auf.

Lösungswort:

1	2	3	4	5	6	7

Was hat das Lösungswort mit dem Ende des Buches zu tun? Erkläre.

Name:

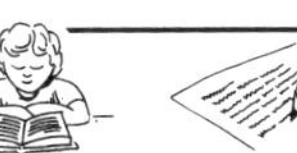
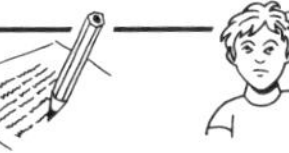

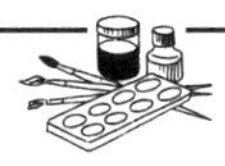

lesen **schreiben** rätseln Spracharbeit **malen** kochen

Meine Buchbewertung

Ergänze den Steckbrief zur Lektüre mit den passenden Informationen.

Lies auf Seite 3 im Buch nach.

Titel:

Autor:

Illustratorin:

Verlag:

Wie hat dir das Buch gefallen? Kreuze an.

Ich fand den Inhalt …
☐ spannend. ☐ altmodisch. ☐ langweilig.

Ich fand die Sprache …
☐ zu leicht. ☐ genau richtig. ☐ zu schwer.

Ich fand die Bilder …
☐ langweilig. ☐ interessant. ☐ einfallsreich.

Ich kann das Buch …
☐ weiterempfehlen. ☐ nicht weiterempfehlen.

Welche Person oder welches Wesen hat dir am besten gefallen? Male sie oder es in den Kasten.

Name:

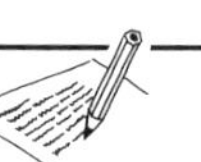

lesen schreiben rätseln Spracharbeit malen kochen

Ein wahrer Held?

Lies den Text und unterstreiche wichtige Informationen.

Ein blinder Schriftsteller namens Homer soll die sagenhafte Erzählung über Odysseus geschrieben haben. Leider kann man über Homer nur Vermutungen anstellen.

Die Wissenschaftler versuchen auch herauszufinden, ob eine historische Persönlichkeit das Vorbild für Odysseus war. Manche glauben, dass Odysseus ein erfundener Charakter ist, der alle Eigenschaften eines „wahren Helden“ mitbringt. Vor einigen Jahren fand man auf der griechischen Insel Kefalonia ein königliches Grabmal mit einem Siegelstein, auf dem ein Hund mit einem Rehkalb abgebildet war. Laut Homer soll dies das Familienwappen von Odysseus sein. Ist dieser König vielleicht das Vorbild für Odysseus?

Das Geheimnis um Odysseus konnte noch nicht geklärt werden. Die Arbeit der Archäologen bleibt spannend.

Wie sollte ein „wahrer Held“ sein? Male passende Adjektive an.

Ist Odysseus ein „wahrer Held“? Sprich mit deinem Partner.
Begründe deine Meinung mit Beispielen aus der Lektüre.

Name:

lesen **schreiben** rätseln Spracharbeit malen kochen

Fragen für ein Interview

Für ein Interview kann man verschiedene Formen von Fragen benutzen.

Beantworte die folgenden Fragen.

Isst du gerne Nudeln?

Gehst du gerne zum Sportunterricht?

Warst du schon einmal an der Nordsee?

Frageform:

Was ist dein Lieblingsessen?

Welches Fach magst du am liebsten?

Wohin möchtest du in den Urlaub fahren?

Frageform:

Lies die Sätze. Unterstreiche die Frageform und trage sie dann oben passend ein.

Offene Fragen beginnen meistens mit einem „W-Wort“ und man kann unterschiedliche Antworten darauf geben.
Wenn man nur die Wahl zwischen „Ja“ und „Nein“ als Antwort hat, handelt es sich um geschlossene Fragen.

Welche Frageform eignet sich besser für ein Interview? Begründe.

Name:

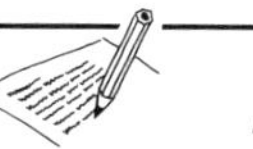
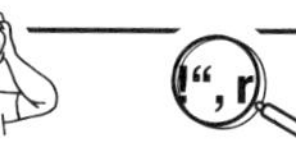

lesen **schreiben** rätseln Spracharbeit malen kochen

Interview mit Odysseus

Du bekommst die einmalige Chance, Odysseus zu interviewen.

Was willst du unbedingt wissen?
Schreibe Fragen auf.

Diese Fragewörter helfen dir:
Wer? Was? Wo? Wann? Wie?
Warum? Wie lange? Wie oft?

Frage:

Antwort:

Frage:

Antwort:

Frage:

Antwort:

Tausche dein Blatt mit einem Partner. Überlege dir Antworten zu den Fragen deines Partners.

Die Fahrt nach Ithaka

Odysseus-Karten

✂

Das Trojanische Pferd beendet endlich den Krieg um Troja.  Tausche deine Spielfigur mit der des vordersten Spielers.	Odysseus überlistet den Zyklopen.  Rücke zwei Felder vor.	Odysseus hört den Gesang der Sirenen und wird fast verrückt.  Gehe ein Feld zurück.
Das Ungeheuer Skylla verschlingt sechs Männer.  Gehe zwei Felder zurück.	Die Griechen umschiffen den Strudel Charybdis.  Würfle noch einmal.	Odysseus' Gefährten ertrinken im Sturm.  Gehe zwei Felder zurück.
Kalypso hält Odysseus auf ihrer Insel fest.  Setze einmal aus.	Alkinoos lässt Odysseus nach Ithaka bringen.  Rücke zwei Felder vor.	Eumaios und Telemach helfen Odysseus.  Würfle noch einmal.
Odysseus trifft mit seinem Pfeil durch die Ösen der zwölf Äxte.  Würfle noch einmal.	Nach dem Wettkampf erkennt Penelope ihren Mann zuerst nicht.  Setze einmal aus.	Odysseus weiß, dass das Ehebett nicht bewegt werden kann.  Rücke zwei Felder vor.

Die Fahrt nach Ithaka

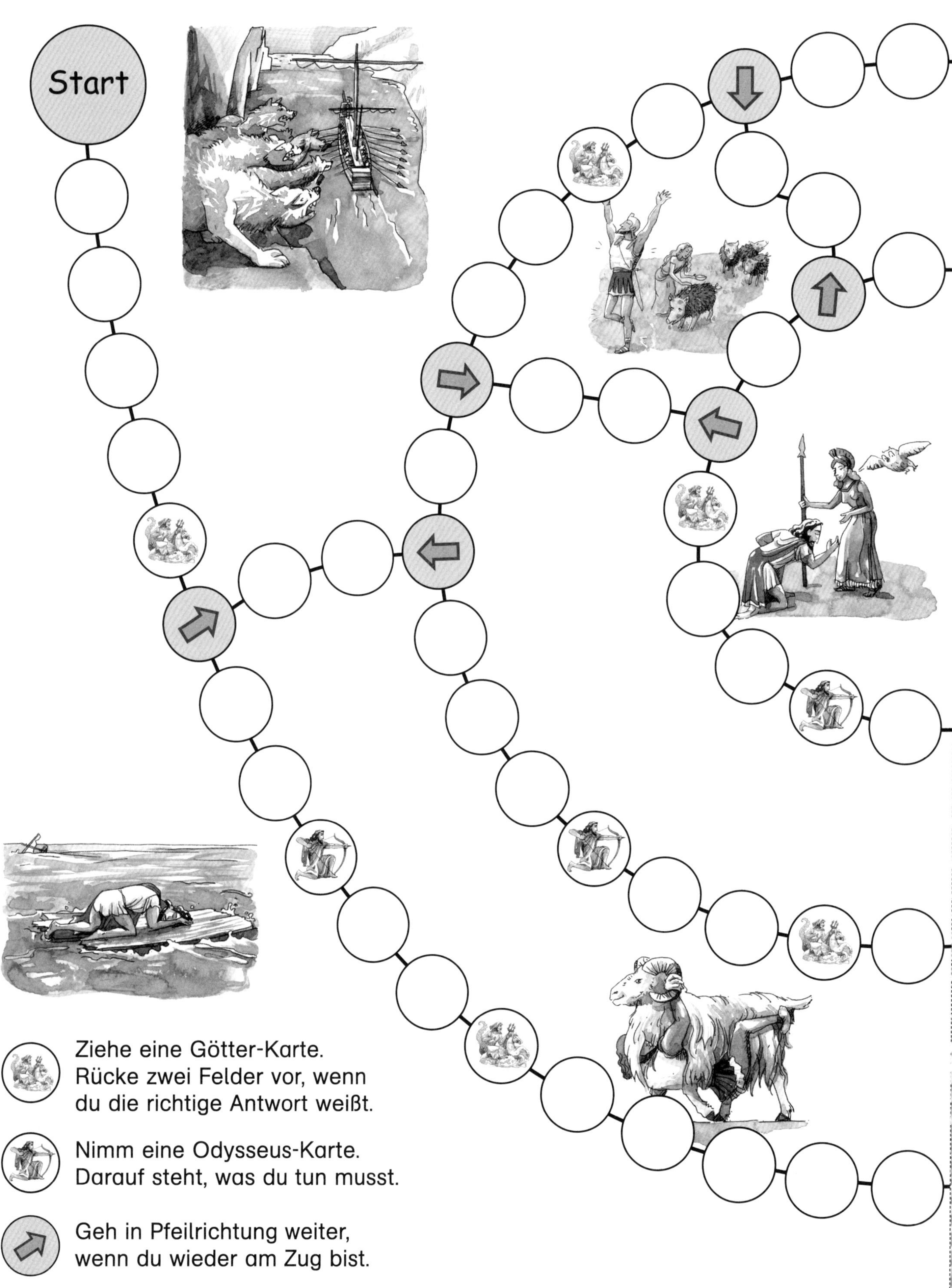

Ziehe eine Götter-Karte. Rücke zwei Felder vor, wenn du die richtige Antwort weißt.

Nimm eine Odysseus-Karte. Darauf steht, was du tun musst.

Geh in Pfeilrichtung weiter, wenn du wieder am Zug bist.

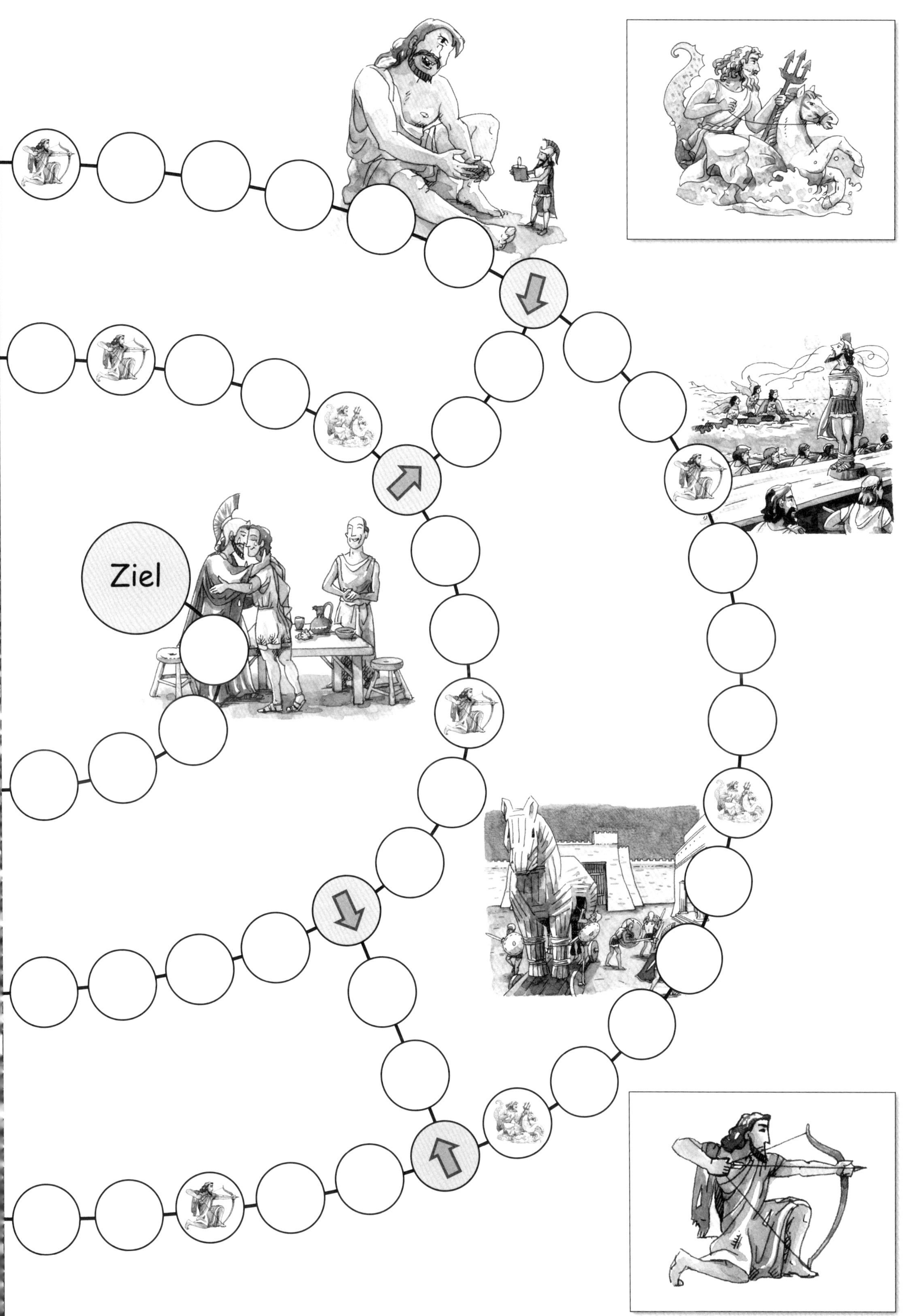
Ziel

Die Fahrt nach Ithaka

Götter-Karten

✂

Wie heißt der Sohn des Meeresgottes? Polyphem.	Warum ist Poseidon wütend auf Odysseus? Weil er Polyphem geblendet hat.	Welcher Gott hilft Odysseus gegen Circe? Hermes.
Welche heiligen Tiere besitzt der Sonnengott? Rinder.	Was verlangt Helios vom Göttervater? Das Töten der Rinder zu rächen.	Wie lange hält die Nymphe Odysseus auf ihrer Insel fest? Sieben Jahre.
Warum wendet sich Athene an Zeus? Er soll Odysseus helfen.	Wodurch zögert Poseidon die Rückkehr von Odysseus noch einmal hinaus? Durch einen Sturm.	Welche Göttin unterstützt Odysseus immer wieder? Athene.
In was verwandelt Athene den König von Ithaka? In einen Bettler.	Was rät Athene der Frau von Odysseus? Einen Wettkampf auszurufen.	Was verrät Athene der Königin nicht? Dass Odysseus im Saal ist.